LES NUITS

DE

LONDRES

PAR MÉRY.

Auteur des *Scènes de la Vie Italienne*, etc., etc.

1

PARIS,
DUMONT, ÉDITEUR,
PALAIS-ROYAL, 88, AU SALON LITTÉRAIRE.

1840.

LES NUITS DE LONDRES.

LES NUITS
DE
LONDRES

PAR MÉRY.

Auteur des *Scènes de la Vie Italienne*, etc., etc.

1

PARIS,
DUMONT, ÉDITEUR,
PALAIS-ROYAL, 88, AU SALON LITTÉRAIRE.
1840.

Un de ces derniers étés, nous avions pris l'habitude, quelques voyageurs et moi, séjournant à Londres, de passer les nuits à nous promener au parc Saint-James, en nous contant des histoires jusqu'au jour, selon la maxime d'un poète inédit :

> C'est l'heure de vivre aux étoiles,
> Les nuits sont les jours de l'été.

En sortant de Drury-Lane après les

splendides soirées de mademoiselle Taglioni, nous nous réunissions en corps de péripatéticiens, devant Carlton-House, et nous donnions de vives inquiétudes aux *policemans* chargés de moraliser la prostitution du Parc-Royal, et aux graves sentinelles qui gardent le palais de Carlton, habité par l'ombre du feu roi.

En pays étranger on subit nécessairement les influences extérieures; à Londres, on ne peut s'occuper que des Anglais. Ce peuple à la fois si grand et si mesquin, impressionne à un tel degré ceux qui le visitent, qu'il faut parler de lui, à l'exclusion de tout autre sujet. Ainsi nos conversations nocturnes roulaient continuellement sur la double Angleterre de l'Europe et des Indes. Un jour, ou pour mieux dire une nuit, je contai à mes amis, mes compagnons de voyage, une assez longue histoire qui fut écoutée avec une bienveillance fort rare dans les heures ordinaires de sommeil. Le lendemain, encouragé par l'insomnie de mon auditoire, je lui communiquai une chronique sur le château d'Udolphe, dont je voudrais bien être l'inventeur; je parle du roman d'Anne Radcliff. Alors, je me proposai de publier, à mon retour en France, une série d'histoires anglaises, sous le titre de *Nuits de Londres;* mais ensuite, m'étant aperçu que mes histoires inédites ne pouvaient pas absorber les deux volumes obligés d'une publication, je comblai le déficit avec quelques nouvelles d'une autre origine. C'est par reconnaissance pour l'idée primitive que je conservai le titre anglais. Au reste, je m'étais fait illusion sur la longueur de ma nouvelle inédite la *Ferme de l'Orange*; il arrive souvent que l'impression met en défaut les promesses du manuscrit. La presse est le Procuste de la page écrite; et puis, il en est aujourd'hui des titres de livres comme des titres de maison, il n'ont plus la valeur d'autrefois.

LA FERME DE L'ORANGE.

La Ferme de l'Orange.

Les dieux sont partis depuis long-temps; Dieu est à la veille de son départ; la poésie est déjà bien loin; tout ce qui consolait la terre d'être terre va disparaître, ou a déjà disparu.

Il nous restait les Turcs et les Grecs; nous les avons détruits. Les Grecs se sont fait Bavarois; les Turcs se sont fait Francs. J'ai vu dans le port de Marseille une corvette intitulée *Fatmé*, mais *Fatmé* écrit comme je l'écris, avec un F véritable, suivi de quatre lettres françaises, comme l'Académie. Ainsi, les Turcs rougissent même déjà de cette belle langue arabe que parlait Adam, et dans laquelle fut parlée la première phrase d'amour qu'un homme brun ait adressé à une femme blonde sous les palmiers de d'Éden.

Le culte de la matière est proclamé. Nous aurons trois dieux nouveaux : le gaz, la vapeur et le chemin de fer; quelle profane trinité! Nous serons tous fort riches... dans cinquante ans; la pauvreté sera supprimée; l'espèce des malheureux sera perdue, comme celle des sphinx et des griffons; nous nous promènerons tous sur le boulevard Italien, à cinq heures du soir; nous aurons tous des loges à l'Opéra et une danseuse pour nos entretiens. Vous verrez qu'à force de bonheur et d'ennui, nous regretterons notre malheur et nous reviendrons à la Sainte-Trinité : mais il nous faudra passer par la fortune et le prosaïsme, ce sera cruel.

Déjà quelques hommes intelligents, et menacés de ce bonheur, cherchaient sur la carte un refuge contre les prospérités de l'avenir. Ils avaient remarqué deux îles vierges de vapeur et de gaz, et immortalisées par de doux et poétiques souvenirs : l'île de Juan Fernandez, chère à Robinson et aux écoliers ; et la *Nouvelle Cythère* de la mer du Sud, où *la pudeur n'avait pas de voile,* comme le pudique abbé Delille le disait de son temps.

Marc Fraizier et Jules Fraizier son frère sont partis du Hâvre, il y a un an aujourd'hui, pour reconnaître ces deux îles et y fonder une petite colonie de gens heureux.

Ils sont arrivés à Juan Fernandez après trois mois de navigation. Marc disait à Jules avant d'aborder : Rappelle-toi cette belle exclamation de Saint-Preux dans l'*Héloïse*: « *O Juan Fernandez! ô Julie! le bout du monde est à votre porte!* » tant les bocages de Clarens étaient délicieux!

En débarquant ils trouvèrent une douane anglaise et des soldats rouges qui se promenaient sous les bananiers du rivage. On leur demanda s'ils avaient de la flanelle de Reims, et des étoffes de Lyon. Ils répondirent qu'ils cherchaient la vertu, le bonheur et la cabane de Robinson Crusoé. On les conduisit chez le schérif.

En effet, les perquisiteurs trouvèrent dans la malle de Marc Fraizier divers objets de manufacture française ; ces objets furent confisqués, et les délinquants furent condamnés à une amende de cent livres et à la déportation.

Les deux frères obtinrent pourtant quelque adoucissement à leur peine. On leur permit de s'embarquer sur le *Fox*, qui mettait à la voile pour Otahiti.

— A quelque chose malheur est bon, disait Marc à son frère Jules ; l'île de Juan Fernandez est tout anglaise, comme la place de *Charing-Cross*. Nous y aurions perdu notre temps et nos études : autant que j'ai pu en juger dans l'heure de notre procès en contrebande, il m'a semblé que cette île avait fait bien du chemin dans la prose, depuis le jour où Thomas Selkirk y naufragea. Si Daniel Foë la revoyait, il gémirait avec amertume. Ce ne sont plus les sauvages qui viennent débarquer sur cette côte pour en dévorer les habitants ; ce sont les habitants qui dévorent les hommes civilisés qui y débarquent. Nous avons été dévorés. Maintenant nous allons aborder au domaine de la poésie.

Nous allons visiter cette île qui a reçu le doux et incomparable surnom de *Nouvelle Cythère*. L'ancienne Cythère n'est plus qu'un rocher de pirates; elle se nomme *Cerigo*, brute appellation de Forbans ! Cerigo a perdu son temple de marbre et son bois de myrthes. Il n'y a plus que quelques bouquets de tamarins malingres et salés, où les corsaires encensent fort peu leur barbare Vénus. L'amour exilé de la mer classique a cherché un refuge de par le monde; l'amour a franchi le détroit de Gades; il a descendu l'Océan Atlantique; il a doublé le cap de Horn; il est remonté dans la mer du Sud et a transporté le culte de Cythère sous les palmiers d'Otahiti. C'est là que la pudeur est honnêtement impudique; c'est là que le désir est satisfait avant de naître; c'est là que l'écho du mont s'épuise à répéter l'éternel épithalame d'un éternel hyménée; c'est là que l'amant donne à sa nouvelle épouse un rendez-vous d'amour à trois lieues au large, sur l'écume d'une vague, lit nuptial flottant et embaumé. Oh! si les hommes connaissaient Otahiti, l'Europe serait déserte, cette île seule serait peuplée, et Dieu serait jaloux de l'univers!

Les deux frères paraphrasèrent ce discours en mille variations; durant toute la traversée ils souffrirent beaucoup du mal de mer, inventé par la bienfaisante nature pour charmer les ennuis des voyages maritimes. Ils subirent une assez grande quantité de tempêtes, comme cela doit arriver à tous les voyageurs, la mer calme n'existant qu'en poésie. Ils perdirent le gouvernail dans le détroit de Magellan, et faillirent naufrager entre la terre de feu et les Patagons : en remontant vers l'Océanie ils eurent une mer assez bonne, mais ils manquaient d'eau, de biscuits, de viande fraîche et salée ; à part ces inconvénients, ils jouissaient du plus beau des spectacles : un soleil radieux, une mer d'azur et infinie, une brise apéritive qui prédisposait merveilleusement aux festins ; des soirées d'or et d'écarlate, des nuits étoilées, avec une profusion telle qu'il semblait qu'on assistait toujours au lever de quelques nouvelles constellations. Avec une once de pain et de riz seulement, on aurait vraiment savouré ces richesses de la nature avec délices, mais la nature se contentait d'être riche en étoiles, en nuages d'or et en parfums ; elle était trop haut placée pour remarquer une coquille voguant vers l'archipel des îles de la société. Les voyageurs étendus sur le pont de la coquille se faisaient des adieux funèbres, lorsque le pilote qui venait de manger un potage fait avec son chapeau de castor, signala au nord la nouvelle Cythère. Il en coûte au bonheur pour se faire bonheur!

Marc Fraizier et son frère Jules se levèrent en s'aidant de grappins, et virent en effet une île assez voisine et ombragée de beaux arbres; ils avalèrent quelques gouttes d'eau salée pour se donner une surexcitation d'épiderme, et ils aspirèrent ce vent de terre si frais à la poitrine des navigateurs : un peu de force leur revint à l'âme et au corps. — La voilà donc, dit Jules, cette île du bonheur! le voilà cet Éden où l'homme a conservé son innocence, où la nature ne rougit pas d'elle-même, où Ève n'a pas encore partagé avec Adam le fruit de l'arbre du bien et du mal!

La nuit était tombée quand ils arrivèrent dans la baie. Marc et Jules cherchaient autour d'eux les pirogues des sauvages; ils ne virent point de pirogues, le capitaine mit en mer deux embarcations, et les moins agonisants des passagers s'y laissèrent couler par les sabords. Nos deux frères abordèrent les premiers à la rive de l'Éden; ils trouvèrent une belle chaussée pavée à la Mac-Adam; cela les surprit beaucoup : s'avançant toujours au hasard, ils aperçurent une belle enseigne transparente, éclairée au gaz hydrogène, avec cette inscription : *Hartinn* (hôtel du Cerf.) — Je crois que c'est de l'anglais tout pur, dit Marc. — Au moins nous trouverons du rostbeef, dit Jules. — C'était bien la peine de faire quatre mille lieues pour manger une tranche de bœuf, dit Marc. — Entrons toujours.

C'était un hôtel en règle; le *land-lord* avait un habit noir, des breloques à fleur de gilet et un chapeau nommé *qui capit ille facit*, de la grande manufacture du Strand : il salua les deux frères, et voyant à leur état de squelette qu'ils étaient à jeun depuis le cap de Horn, il les introduisit dans la salle à manger, et les plaça devant un trophée de gastronomie anglaise, composé d'un heureux mélange de douceur et de gravité. Marc et Jules ajournèrent leurs réflexions, et mangèrent comme des naufragés de la *Méduse* échappés du radeau.

Un bon repas comble bien des lacunes; Marc et Jules engraissaient à vue d'œil à chaque verre de Porto et de Sherry; au dessert ils allaient s'abandonner au charme de la conversation, mais le sommeil les saisit sur leurs fauteuils, où ils dormirent jusqu'au jour, comme dans leurs lits.

— Allons chercher des sauvages ! furent les premières paroles de leur réveil. En sortant d'*Hart inn*, ils trouvèrent un joli *Square* bordé circulairement de maisons, façon chinoise, avec des enseignes anglaises sur les boutiques : au milieu de la pelouse était une statue de terre cuite, élevée à Nelson. « Jusqu'à présent, dit Marc, la nouvelle Cythère se présente assez mal, les sauvages n'abondent pas. »

Les boutiques s'ouvrirent, les marchands étalèrent; les domestiques frottèrent les marteaux de cuivre, les palfreniers à cotte rouge et à guêtres grises étrillèrent les chevaux; les femmes de la campagne encombrèrent les marchés, et un homme de lettres accrocha une enseigne où on lisait *Otahiti Cronicle office* : c'était un bureau de journal.

« Il y a un journal ! dit Jules, achetons le journal. Combien votre journal ? — *Six pences* — Donnez-nous ces deux numéros.

— Voyons les nouvelles de l'intérieur, dit Jules, et il lut :

« Matow-Pataoün, le dernier rejeton des anciens rois d'Otahiti, s'est refugié dans la montagne du Caquier, il n'a été suivi que de deux sauvages; tout nous fait espérer que ces infortunés périront de faim et de misère, victimes de leur obstination.

« Les révérends Phythion et Adamson, missionnaires évangéliques, ont continué leurs exercices avec le plus grand fruit; trois familles d'ex-sauvages ont abjuré publiquement le culte des Manitous; ils ont déposé entre les mains des deux ministres cinq exemplaires de l'infâme idole Fithrouë, qui n'a qu'une oreille, un bras et une jambe, et qui est faite en bois de Bengala : ces familles converties ont témoigné beaucoup d'horreur pour Fithrouë : on a donné aux hommes des carriks, *water-proof*, et des pantalons de fort papier Weynen; on a donné aux femmes des petites cottes de parchemin tissé qui sortent de la manufacture d'Erington, patenté, 19, *Cook-Street*, à Otahiti.

« Un ex-sauvage a été surpris hier en flagrant-délit, au moment où il invoquait son Manitou devant un Mimosa; il a été conduit devant le grand-juge et interrogé conformément à la loi; ce malheureux n'a pas cherché à dissimuler son crime, il a hautement avoué sa croyance, ajoutant qu'il vivrait et mourrait dans la foi des Manitous; on l'a enfermé dans une cellule pénitentiaire avec une Bible et un volume de sermons du ministre Rupert: l'ex-sauvage a brûlé la Bible et les sermons; il a été mis au petit cachot: on ne peut que louer en cette occasion la tolérance vraiment évangélique du gouvernement anglais. C'est par des moyens de douce répression que nous procédons à l'œuvre de l'assainissement moral des peuplades sauvages, bien différents en cela des papistes Espagnols, qui procédaient dans le Pérou par le fer et le feu. »

« L'école Lancastrienne instituée *Nelson-Square*, commence à porter ses fruits. Trente-deux ex-sauvages des deux sexes, fort proprement vêtus de redingotes de barbes de maïs, assistent régulièrement aux leçons de lecture et d'écriture. Demain l'école entre dans la lettre B. La lettre A marche déjà comme sur des roulettes. Rien de touchant comme d'entendre ces voix sauvages répéter en chœur, A, A, avec une pureté d'intonation vraiment remarquable. Il faut observer que la lettre A se nomme en otahitien, *Tuvaïmaou*, et qu'il a fallu bien des efforts de patience pour arriver de si loin au son pur et net de l'A.

Des soupes économiques, des bouillons à l'*O-Callam*, des pâtisseries à la *Crowbett* ont été servis hier, pour la première fois, au réfectoire public et gratuit des orphelins sauvages. Cette institution éminemment philantropique, a été accueillie avec une joie naïve par les jeunes et malheureux orphelins. Il n'en coûtera au trésor que cent livres par an pour nourrir cent orphelins, tant l'économie a présidé à la confection des mets philantropiques, sans compromettre toutefois la santé délicate des jeunes sauvages. Les soupes se confectionnent avec des mousses de mer, cuites au soleil, à l'ozmazôme, ou moëlle de Cachalot (*squalus-maximus*), c'est un tonique et un calmant bien combiné. O-Callam, qu'on a surnommé, à bon titre, le père nourricier de la jeunesse sauvage, a composé des bouillons avec des substances veloutées et nutritives. Il a découvert que de légers cailloux de mer, recueillis vers le soir, sur la côte nord, et proprement étuvés à la vapeur, donnaient à l'eau de roche bouillie un arôme exquis et une vertu nutritive. Ces cailloux sont très fréquentés par des poissons délicieux, qui viennent y prendre leurs innocens ébats et leur donner une saveur ictiophage. Les orphelins s'en trouvent fort bien et grandissent à vue d'œil. Le savant chimiste Crowbett, mû par des sentiments humanitaires, a inventé des pâtés qui portent son nom et qui ont obtenu le plus légitime succès. La croûte se compose d'écorce de liquidambar, dissoute au bain-marie, et cristallisée à la machine pneumatique, avec une force de cohésion qui ne se retrouve au même point que dans les gâteaux d'amande. Ces pâtés ont un mètre vingt-cinq centimètres de circonférence, sur dix-huit pouces anglais de haut. On les remplit planctureusement avec un hachis de plumes de Toraccos ébarbées et de pâtes d'aras verts dont le suc est exquis. L'inventeur Crowbet a trouvé la plus douce récompense de ses travaux dans les remerciments enfantins de ces pauvres créatures qui n'ont plus dans le monde que l'Angleterre pour soutien. C'est ainsi que la vieille Angleterre répond à ses détracteurs du continent. »

— Voilà donc la nouvelle Cythère! dit Jules en laissant tomber le journal. Il faut convenir que ces Anglais font un singulier métier; ils s'imaginent que tout ce qui flotte sur l'Océan leur appartient; ils avalent une île comme une huître. Ils enchaînent l'univers avec leur liberté. Séjournerons-nous long-temps à la nouvelle Cythère, mon ami? — Il faut partir sur-le-champ, répondit Marc, si nous trouvons un vaisseau. — Et pour aller où? — Les vaisseaux vont toujours quelque part, à moins qu'ils ne restent en chemin. — En ce cas, nous resterons avec eux. —Convenu.

L'*Ionia* mettait à la voile le jour même

pour le cap de Bonne-Espérance. Il allait y prendre un chargement de vin de Constance et de peaux de lions. Marc et Jules firent un second et dernier repas à *Hart-Inn* et demandèrent leur compte : il se montait à huit cent soixante-quinze francs, monnaie de France. Deux dîners et deux fauteuils. Marc, qui était un grand philosophe, paya sans dire un mot, et pria le *land-lord* de vouloir bien, par-dessus le marché, les accompagner à la marine. Le *land-lord* prit sa canne et son *qui capit ille facit*, et les conduisit à l'échelle de l'*Ionia*. Il ne demanda rien pour cette course, ce généreux *land-lord*!

L'*Ionia*, mit à la voile par un temps superbe, comme tous les vaisseaux qui partent. A dix lieues au large, il fut assailli par une tempête, selon l'usage, et perdit le mât de Beaupré. Le capitaine disait : hâtons-nous de gagner les moussons, c'est la saison des moussons; nous marcherons comme des dieux avec les moussons. Les passagers avaient les yeux fixés sur l'Océan pour voir arriver les moussons.

Après un mois de traversée, ils relâchèrent à Batavia pour se ravitailler. En mer on se ravitaille toujours. Un navire arrive toujours dans un port mourant de faim et de soif, avec deux ou trois mâts de moins. De Batavia au Cap, on vécut en comptant sur les moussons qu'il est impossible de manquer dans leur saison, à moins d'un miracle. Le miracle se fit : cette année là, il n'y eût pas de moussons. Le capitaine était furieux contre la nature. La nature lui envoya une série de tempêtes qui le jetèrent sur les régions polaires découvertes par Davis. Ces régions sont des nuages permanents. Le capitaine en cherchant les terres de Davis, s'égara dans les nuages. Il perdit la carte et la boussole, et remit l'*Ionia* entre les mains de Dieu.—Nous sommes perdus, dit Marc. Jules répondit : — C'est bien !

Dès que le vaisseau ne fut plus gouverné il se gouverna bien; une dernière tempête ramassa *l'Ionia* comme une paille dans la région des nuages, et lui faisant filer malgré lui quinze nœuds à l'heure, il le mit dans des eaux tranquilles, en face de la haute montagne de la *baie de la Table* qui termine l'Afrique au midi : les passagers ne remercièrent pas Dieu.

— Voilà un fort beau pays ! dit Jules en débarquant à la rive du Cap.— Celà me paraît encore bien anglais, dit Marc, pourtant je suis si dégoûté de la mer et de l'Europe que je veux m'ensevelir ici, il faut être fou pour se condamner bénévolement à se faire balotter par les vagues, l'Océan s'est assez joué de nous, voici une terre solide sous nos pieds, restons.— Oui, dit Jules, mais les Anglais? — Les Anglais n'ont pas occupé toute l'Afrique depuis *Table-bay* jusqu'à Maroc, nous irons chercher notre vie dans l'intérieur; au Zanguébar, s'il le faut. — Adopté, frère, adopté.

Ils descendirent au Cap à *l'hôtel du Tigre* et furent écorchés vifs.

Après huit jours de repos, Marc fit des préparatifs de voyage, il acheta deux chariots couverts, emprunta quatre hottentots domestiques à raison d'une piastre la pièce par jour, et son frère Jules fit emplette d'un petit arsenal de promenade; quatre fusils et deux paires de pistolets : un guide nommé Kreabs s'offrit pour les conduire à la rivière de l'Orange en trente deux jours de marche dans le désert; ils se firent assurer contre les lions à l'hôtel du Tigre, siége de la compagnie d'assurance indienne. — Nous aurions mieux fait de nous faire assurer par les lions contre l'hôtel du Tigre, dit Jules en partant: cette plaisanterie ne fit pas sourire les Anglais; on ne sourit pas au Cap.

Ce voyage fut fait avec une grande monotonie de bonheur: on marchait le jour, on campait la nuit dans un cercle de feu entretenu par les Hottentots. Marc et Jules ne virent pas l'ombre d'un lion; mais ils virent beaucoup de lézends, et ils furent dévorés en détail par les moustiques contre lesquels ils n'étaient pas assurés; des moustiques de la grandeur d'un petit oiseau de proie; la bienfaisante nature a semé ces insectes avec une prodigalité merveilleuse dans les beaux climats.

Marc et Jules après avoir laissé leur chair fraternelle éparpillée dans les corps d'un milliard de moustiques, arrivèrent sur les bords de la rivière de l'Orange. Il en coûte pour arriver à la poésie et au bonheur, les moustiques avaient disparu.

Là un spectacle ravissant et inattendu leur fit oublier leurs maux.

Sur la racine d'une montagne toute verte de gazon et de jeunes acacias, s'étendait une vaste ferme en bois d'acajou, luisante comme un meuble de boudoir. Elle était divisée en trois corps de logis; celui du milieu dominant les autres : une barrière carrée à claires-voies et à larges barreaux de bois de fer entourait la ferme comme un rempart élégant. La façade du nord restait à découvert et laissait voir une grande quantité de balcons légers et de jolis kiosques saillans où flottaient des rideaux de pagne et de coutil de toutes couleurs : chaque fenêtre avait son couronnement de cassier aux fleurs jaunes et taillées en houppe. La porte s'ouvrait sur un perron jonché de larges fleurs de la famille des dahlias. Ces fleurs montaient comme un tapis sur les cinq marches de l'escalier. Les trois autres façades se noyaient dans une ombre adorable, largement épandue par trois rideaux de caquiers, constellés du tronc en cîme de leurs innombrables fruits rouges semblables à des cerises énormes : une forêt magnifique semblait sortir de la ferme, et s'étendait en alternant ses massifs et ses clairières sur le flanc de la montagne avec une opulence de végétation digne de Dieu, du fond d'un vallon voisin, formé par deux collines si rapprochées qu'elles croisaient leurs branches comme des mains amies, descendait avec un calme divin la rivière de l'Orange, gracieusement encaissée dans un lit de nénuphars et d'iris, limpide et azurée comme le miroir du ciel ; fraîche comme la baignoire d'Eve dans l'Eden : cette rivière dessinait de molles inflexions et se perdait à un mille de la ferme, sous un amoncellement d'arbres gigantesques, couverts d'azur et de lumière aux limites de l'horizon.

Marc et Jules sortirent de leur extase, un jeune homme parût à la porte de la ferme, il était nu jusqu'à la ceinture; un large pantalon de toile était son seul vêtement; sa main droite était armée d'un fusil à deux coups : les deux frères marchèrent à lui hardiment, leurs armes abattues sous le bras gauche et l'air souriant. Soyez les bien-venus, amis d'Europe, dit en anglais le jeune homme de la ferme, que venez-vous demander à vos frères des bois? — La main gauche, l'eau du fleuve et l'hospitalité, répondit Marc avec une assurance pleine de franchise et d'abandon. — Entrez, vous aurez tout, dit le jeune étranger; et il tendit ses deux mains aux voyageurs.

Ils furent introduits dans un vestibule frais comme une grotte, et tout retentissant de chants d'oiseaux comme une volière; un vieillard couronné de cheveux blancs était assis au fond et lisait, il se leva devant les étrangers et dit:— Que béni soit le sentier qui vous a conduits ici ! Avez-vous faim? avez-vous soif? — Nous avons tout, répondit Jules. — Ma table est à vous.

Le vieillard ouvrit une porte et entra le premier dans une salle dont le parquet de pierre était bordé de larges ruisseaux d'eau vive et courante : les oiseaux du vestibule suivirent leur maître avec des chants de joie; il y avait des loris, des bengalis, des cardinaux, des perruches, des touraccos, des serins, tous heureux et libres, volant sur les murs comme une arabesque vivante, et tourbillonnant au lambris en cercles radieux, comme un mobile ornement de plafond aux mille couleurs : les deux frères ne remarquèrent pas ce cortége ailé du vieillard ; leurs regards tombèrent et moururent sur une table où s'élevait avec une échancrure savoureuse un monstrueux pâté de venaison, flanqué de quatre vases de porcelaine transparente à col effilé où jaunissait un vin de Constance vieilli dans les celliers de la maison.

Au signe du maître ils s'assirent et mangèrent sans façon ; le vieillard et le jeune homme respectèrent ce noble appétit de voyage, et ils versaient eux-mêmes le généreux vin d'Afrique dans des coupes de cristal de roche. Lorsque Marc et Jules eurent repris leurs sens dans une première réfection, ils jugèrent convenable de remercier le vieillard de son hospitalité patriarchale.

— Depuis le déluge, dit Jules, je crois qu'on n'a plus revu la scène d'aujourd'hui, c'était ainsi que le patriarche Noë recevait sous sa tente d'Arménie les fils de Sem, de Cham et de Japhet, et qu'il leur versait le vin d'Orient qu'il avait inventé lui-même. Je bois à la vigne de Noë.

— Je bois à mes fils, dit le vieillard.

— Maintenant nous dirons nos noms à notre hôte, si notre hôte le permet ; nous sommes les frères Marc et Jules Fraizier, de Paris, rue du Helder, 12. Nous allons à travers le monde cherchant je ne sais quoi, votre ferme peut-être ; mon frère Marc est poète, c'est une profession ignorée sans doute ici, moi je ne suis rien, mais je marche à la suite de Marc, cherchant ce qu'il cherche et m'amusant de tout ; nous avons reconnu que l'homme était dans une grande erreur de croire qu'il avait été mis au monde pour vivre dans la rue du Helder ; nous croyons que son domicile est plus vaste, et qu'il doit passer sa vie à se promener dans sa véritable maison, qui est le globe terrestre et non le n° 12 de la rue du Helder. Voilà pourquoi nous nous promenons dans cette rue qui est formée par la côte d'Afrique et la côte d'Amérique, dont l'Océan est le ruisseau, le soleil le réverbère. Après avoir sauté le ruisseau nous sommes entrés chez vous; nous vous rendons une visite de voisin.

— Soyez les bien-venus, mes fils, dit le vieillard en souriant; soyez les bien-venus dans la ferme de John Hamlet, de Chester.

— Vous êtes encore Anglais? dit Jules, en croisant ses bras sur sa poitrine.

— Il y a si long-temps que je suis Anglais, qu'il me semble que je ne le suis plus. Voici bientôt quarante-deux ans que j'habite cette ferme.

— Seul?

— Oh! non, ma famille est nombreuse.

J'ai un fils qui demeure avec sa femme, dans une autre ferme à quatre milles d'ici, dans nos vignes. Voici mon petits fils et je vous montrerai bientôt ses trois sœurs. Mon fils et moi nous avons, de plus, vingt noirs à notre service. Vou-voyez que je ne suis pas seul.

— Certainement, on peut très bien vivre en pareille société. De qui dépendez-vous ici?

— De personne.

— Comment! vous n'avez pas dans le voisinage quelque petit roi, quelque petite république dont vous êtes les citoyens obligés?

— Autour de nous, nous avons le désert. J'ai entendu dire qu'un roi africain règne à trois cent milles de cette rivière, vers l'Est. C'est le royaume le plus voisin.

— Et les lions! comment vivez-vous avec les lions?

I. 3

— Il est possible qu'il y ait des lions; mais je n'en ai jamais vu. J'ai vu quelques tigres, ils sont très poltrons et craignent toujours d'être dévorés par mes noirs. L'an dernier, nous reçumes la visite d'un éléphant; il frappa de sa trompe aux barreaux de cette barrière; mon fils fût le complimenter avec un grand cérémonial; nous lui offrîmes une corbeille de gâteaux et une jatte de rhum. Il mangea et but, et s'en retourna fort joyeux dans ses bois. Ma vieille expérience m'a appris que cette partie de l'Afrique est abandonnée par les animaux féroces, à cause d'une grande quantité de plantes dont ils ne peuvent soutenir l'odeur et dont les exhalaisons même sont mortelles pour eux. C'est là un des mille secrets que la nature a déposée au cœur de cette Afrique, qui est la terre des secrets.

— Vous êtes donc ici en toute sécurité?

— Oui, mon fils, il n'y a du danger que dans les villes, sur la mer et sur les grandes routes. La terre est pleine de recoins où la vie est aussi à son aise que dans mon cottage, mais les hommes s'éloignent autant qu'ils peuvent de ces heureux recoins.

— Si ce n'était trop indiscret de notre part, nous vous demanderions quelques légers détails sur l'origine de votre établissement.

— Ce n'est point un mystère. Voici mon histoire en quelques mots : A trente ans, je quittai Chester, ma ville natale, par dégoût de l'existence. Le *spleen* m'avait même rendu fou. A force de regarder couler, devant mon château, la triste rivière de Mersey, je m'imaginais que c'était moi qui étais forcé de pousser à l'Océan cette vaste masse d'eau, et je formai le dessein de me tuer pour me délivrer d'une fonction si onéreuse. Un jour, je profitai d'un moment lucide, je réalisai autant d'argent que je pus, je partis pour un voyage sans but déterminé. J'essayai plusieurs villes, comme on essaye des habits, pour faire choix du plus commode. Londres me déroula ses ennuis tirés au cordeau à perte de vue. Paris me donna un rhumatisme. Venise me fit l'effet d'un grand cimetière de marbre avec cercueils flottans. A Rome, je fus menacé d'un autre genre de folie, je m'imaginai que je portais sur mon dos le poids de vingt-cinq siècles. A Naples, je fus heureux quelques jours, mais le Vésuve me tourmentait cruellement. Sa dernière éruption lui avait creusé au front deux cavernes rouges, et je me persuadai que le volcan me cherchait partout avec ses deux yeux. La nuit, je rêvais que je causais avec le Vésuve sur le bord de la mer. Mon Dieu ! m'écriai-je, n'aurez-vous pas fait sur ce globe un coin de terre pour moi! Un jour, je pris une pièce d'or et un pistolet chargé; je jetai en l'air la pièce d'or en criant *face*, bien décidé à me tuer si je devinais. Je devinai. Un lazzarone passait, la main tendue vers moi; je lui donnai la pièce d'or et j'armai mon pistolet. Le lazzarone baisait la pièce en disant : *due teste, due teste*, et il vint me la montrer en riant; la pièce d'or avait deux *faces*, et je l'avais prise au hasard dans un rouleau de cent. Voilà qui me condamne à la vie, dis-je en moi-même, vivons : et je jetai mon pistolet dans la mer.

Un vaisseau anglais de relâche à Naples partait ce jour-là même pour l'île Maurice. Je m'embarquai, bien résolu à ne plus chercher le suicide, mais à me faire trouver par lui; vous ne sauriez croire quels horribles tourments d'ennui la navigation

me fit subir, je ne crois pas qu'il y ait de
prison plus dure que la cabine d'un vaisseau : il y avait vingt passagers à bord,
une moitié gardait un silence de mort,
l'autre parlait avec exubérance, je ne savais auquel des deux partis me lier; avec
les parleurs je regrettais les taciturnes,
avec les taciturnes je regrettais les parleurs, j'allais des uns aux autres avec une
profonde répulsion pour tous. Enfin nous
relâchames au cap. Là je rompis mon
ban, je réalisai ma fortune et je résolus
de m'avancer dans l'intérieur de l'Afrique,
avec trois Hottentots, pour vivre des surprises et des émotions de l'inconnu; je visais ainsi à un suicide honorable, je m'enfonçais au cœur la pointe de l'Afrique
comme un poignard.

Ce qui rend toujours les hommes malheureux; c'est qu'ils s'obstinent à chercher le bonheur, c'est le jeu inverse qu'il faut jouer: moi c'est en cherchant le malheur que je trouvai le bonheur. Vous ne sauriez dire quelle sérénité vint rafraîchir mon âme lorsque je découvris ce paysage qui doit vous avoir bien réjoui vous aussi à votre arrivée; il me semblait que je dépouillais le vieil homme européen et que je recevais d'une main invisible une chair nouvelle, un cœur nouveau : toute la somme de bonheur que cette nature virginale gardait en réserve depuis la création, et qui n'avait été dépensée pour personne, m'entoura comme un bain suave, me retrempa, me rendit fort; ce fut comme une soudaine convalescence, un réveil lumineux, une sainte résurrection. Adam de ce paradis, je cherchai mon Ève; je la demandai à cette nature féconde qui exhale tant d'amour sous ces arbres, sur ces fleurs, dans ces belles eaux du vallon : c'est alors que fermement résolu de vivre ici, je fis le dernier de mes voyages, je revis la ville du Cap, j'y formai des relations avec les familles de mes compatriotes, et après deux mois de cette vie mondaine à laquelle je devais renoncer pour toujours, j'épousai une jeune veuve qui consentit à me suivre à la ferme de l'Orange : je puis dire que cette femme n'a jamais regretté de m'avoir suivi : levez les yeux, regardez le ciel, cherchez un nuage ; l'azur est partout ; eh bien ! notre vie de quarante ans est pure comme ce ciel.

Marc et Jules se levèrent vivement, et serrèrent avec transport la main du vieillard et de son fils, maintenant, dit John Hamlet, il faut que je vous présente à ma famille, où sont tes sœurs, Luxton ?

— Je l'ignore, mon père, répondit le fils en caressant une perruche qui venait de se percher sur son épaule.

— Messieurs, dit le vieillard, si vous voulez visiter le jardin et le parc, mon fils va vous guider, nous nous reverrons à dîner, n'est-ce pas ? je vais donner des ordres pour qu'on ait soin de vos bagages et de vos domestiques, ne vous inquiétez de rien.

Jules prit familièrement le bras de Luxton et marcha du côté du bois, Marc les suivait à la distance de quelques pas.

Au bout de la première allée, une apparition les attendait qui devait leur faire tourner le sang au cœur.

Trois jeunes filles sortaient d'un massif d'acacias, trois jeunes filles de même taille; trois corps, trois visages, trois costumes exactement semblables, si bien que l'on croyait voir la même femme reproduite trois fois par quelque jeu d'optique : elles marchaient enlacées l'une à l'autre par leurs bras nus avec une grâce merveilleuse d'ondulation de corps; leurs têtes étaient couvertes d'un chapeau de large feuilles cousues; leurs cheveux, d'un ébène éblouissant, ruisselaient en boucles sur des épaules nues d'une blancheur vermeille; une robe de modeste coutil, relevée par le luxe des agraffes d'or, s'échancrait sur leur poitrine, serrait leur taille, et s'arrêtant un peu au-dessus de la cheville, laissait aux pieds toute leur liberté de mouvement; c'était un groupe de trois femmes primitives, elles appartenaient à la plus belle espèce de femmes, l'Anglaise créole, celle qui combine l'exquise perfection du corps, le coloris adorable de la carnation avec l'énergie de l'âme et la vivacité du sang : à mesure que ces trois filles s'approchaient, elles révélaient un nouveau charme; leurs figures d'une transparence dorée, et leurs grands yeux de créoles, se détachaient sous l'ombre de leurs chapeaux flottans ; quand elles s'arrêtèrent étonnées devant les trois jeunes gens, Marc et Jules n'avaient plus de voix.

Luxton fit avec quelque embarras les honneurs de la présentation, il dit le nom des deux étrangers à ses sœurs, et le nom de ses sœurs aux étrangers, *Véry-nice*, *Héva* et *Fanny*, tels étaient les noms de ces ravissantes filles.

Jules rompit le premier le silence : Voilà, dit-il, un trio de ressemblance qui rentre dans les secrets de l'Afrique dont nous parlions tantôt; vous avez trois noms, mesdemoiselles, il me semble qu'un seul suffirait à vous trois, *Very-nice*.

Un sourire d'ange illumina le visage des trois jeunes filles, elles considéraient de la tête aux pieds ces inconnus avec une curiosité muette, et leurs yeux semblaient interroger Luxton et demander une explication pour laquelle la langue ne trouvait pas de termes : le frère devina ses sœurs et il entra dans quelques détails sur le voyage et l'arrivée des deux étrangers, un témoin indifférent aurait remarqué l'émotion étrange qui animait en sens divers ces six personnages ; les jeunes filles et les jeunes gens étaient singulièrement troublés, et ils ne se rendaient pas compte de leur embarras. M. John Hamlet et sa femme survinrent bientôt, et mirent chaque acteur de cette scène un peu plus à son aise ; madame Hamlet reçut les hommages des deux Français, c'était une dame sexagénaire d'âge, mais jeune encore de fraîcheur et de santé, on voyait luire sur son visage les derniers rayons de cette beauté incomparable des femmes du Lancashire : le temps n'avait altéré ni la pureté harmonieuse des lignes de son front, ni la blancheur perlée de ses dents qu'une lèvre naturellement relevée laissait toujours entrevoir dans tout l'éclat de leur émail: lorsque cette aïeule embrassa ses trois petites-filles: Marc et Jules ressentirent un serrement de cœur.

La journée se termina dans des entretiens familiers et des promenades autour de la ferme. John Hamlet montra tous les recoins de son domaine aux deux étrangers : ils étaient bien distraits Marc et Jules; leurs oreilles s'ouvrirent complaisamment aux paroles de leur hôte, mais leurs regards ne pouvaient se détacher de ces trois belles enfans du désert qui lutinaient comme des gazelles sur les fleurs du jardin et la pelouse embaumée du bois.

D'après les habitudes patriarchales de la maison, la famille se retirait dans ses appartemens aux premières ombres de la nuit, tous se levaient avec l'aube; on laissa toute liberté aux deux Français, et ils en usèrent ce soir là pour aller dans le bois, et sans témoins, se faire de mutuelles confidences sur les singularités de ce jour.

La nuit avait revêtu toutes ses splendeurs, la forêt, la rivière, la colline, le vallon semblaient faire entre eux des entretiens solennels et sublimes, l'arbre parlait au torrent, l'insecte à la fleur, le thym au gazon, la terre au ciel; un murmure universel montait aux étoiles, l'eau vive exhalait la fraîcheur, l'arbre de parfums exhalait l'amour; du firmament radieux descendait une clarté molle faite avec un reflet de toutes les constellations, et cette clarté, plus douce que celle du jour, laissait entrevoir les bois et les montagnes à des distances confuses et infinies: l'air était si transparent, la gaze de l'atmosphère si déliée, que chaque étoile rayonnait aux yeux et les éblouissait comme un soleil. Et lorsque par intervalles toutes les harmonies se taisaient autour de la ferme, alors on croyait entendre des voix fortes et lointaines qui sortaient des profondeurs de l'Afrique, comme si dans le silence de la nuit l'interminable chaîne des montagnes du septentrion eut apporté d'échos en échos la plainte des monstres du désert. Mais rien dans nos contrées de glace, où l'amour n'est que le passe-temps de l'ennui, rien ne peut donner une idée de cette irritante émanation de volupté qu'une pareille nuit distille de tous ses rayons : tout est flamme et désir sous ces tranquilles étoiles, tout brûle dans cet air si tiède ; cette nature en apparence si calme palpite d'une animation puissante et sème la vie jusques dans le grain de roche, où elle dépose la topaze ou le diamant, fruits de l'hymen de cette terre et de ce soleil, quand la pierre s'allume et jouit sous des étreintes invisibles. De quels inexorables désirs l'homme ne doit-il pas être consumé, lui, ce roi esclave de toutes les passions et de tous les amours.

La rivière coulait joyeusement, emportant une étoile au miroir agile de toutes les ondes; il y avait un siége de gazon et par-dessus un haut liquidambar, comme un dais sur un trône. C'est là que s'étaient assis Marc et Jules, et ils se regardaient de cet air significatif qui n'a pas besoin de paroles pour communiquer une pensée.

— Eh bien! dit Jules, c'est toujours ainsi que commencent les entretiens dans les grandes occasions.

Marc secoua la tête, et regarda le ciel.

— De laquelle es-tu amoureux? dit Marc.

— Il me sera bien difficile de ne pas être ton rival, dit Jules; j'en aime trois.

— Et moi aussi, frère.

— Qui diable! nous a mis en tête de venir ici?

— Oh! c'est que je suis moins léger que toi, Jules; c'est déjà chez moi une passion vieille; les racines poussent vite aux arbres dans ce climat : ainsi l'amour.

— Oui, l'amour! l'amour! c'est bientôt dit; l'amour est une invention de roman et de vaudeville. Il est bien question d'amour ici; va te calmer le sang, là, sous ce kiosque, en chantant une romance de Grisar; va te consoler en ramassant ce bouquet d'oranger qu'elles ont laissé tomber. L'amour! l'amour! Nous le prenons à l'aise, dans une allée des Tuileries, entre deux statues de marbre, sous un ciel qui pleure, dans un air qui gèle, sur un gazon qui mouille nos pieds, et devant de noires maisons tirées au cordeau. Mais ici! ici! on se fait tigre, on rugit; on boit à pleine coupe cette écume que secoua Vénus-Aphrodite quand elle sortit de la mer; on sent une crevasse au cœur; on se rue au délire; on mord le gazon, la fleur, la feuille; on est fou.

— On est fou, répéta Marc avec une tranquillité alarmante.

Jules regardait le kiosque de la bienheureuse chambre où dormaient les trois sœurs.

— Elles sont là, dit-il; elles dorment ensemble; elles mêlent leurs rêves, leurs souffles, leurs beaux cheveux.. Une lampe veille auprès de leur lit : heureuse lampe !...

En ce moment une idée traversa le cerveau de Jules... il voulut la communiquer à son frère, mais il eût des frissons sur la langue, et sa première syllabe s'arrêta tremblante dans le gosier.

— Tu voulais me dire quelque chose,

dit Marc effrayé des convulsions nerveuses de son frère.

— Moi... oui... non... j'avais une... eh!

Il mit ses mains, comme un voile, sur sa figure.

— Je t'ai compris, dit Marc à voix très basse.

— Eh bien!.. un instant... reste... fais sentinelle un instant... Oh! n'essaye pas de m'arrêter, ou je me jette dans cette rivière, ou je me brise la tête contre ce tronc de fer?

Le premier arbre du vert rideau qui ombrageait trois côtés de la ferme, s'élevait devant le kiosque des trois sœurs. La vitre ouverte n'était qu'à douze pieds du sol. Jules grimpa sur l'arbre et se blottit dans les branches qui mêlaient leurs feuilles aux fleurs du kiosque de ce gynecée de la nature : Là, ses regards errèrent et moururent ; ce qu'il vit n'a été vu qu'une fois, et ne sera plus revu sur ce monde. Animez les trois grâces de Canova, et endormez-les sur un lit de fleurs, en leur laissant la pose que leur donna l'artiste, vous n'aurez encore qu'une copie humaine du groupe divin des trois jeunes Anglaises, des trois créoles de ce désert. Jules tomba de faiblesse sur le haut gazon, au pied de l'arbre : son frère accourut et le releva. Quelques paroles sourdes s'échangèrent entr'eux; ils s'éloignèrent ensuite silencieusement de la ferme, honteux comme deux criminels qu'un horrible remords accompagne. L'un avait outragé l'hospitalité la plus sainte, l'hospitalité du désert; l'autre s'était fait son complice et ne s'était opposé que faiblement au crime. L'aube les surprit pâles et muets, marchant au hasard dans le vallon et n'osant se retourner vers cette chambre où dormaient encore, naïves et confiantes, ces trois adorables filles, qui avaient à leur insu livré à des yeux profanes le secret virginal de leurs nuits.

Cependant les oiseaux de la ferme chantaient au jour et à leur maître. La joie du réveil éclatait partout. Les domestiques se répandaient dans le verger. On entendait, sous l'arbre du perron ces voix mélodieuses et ces éclats de rire veloutés qui trahissent les jeunes femmes. Very-Nice est levée, dit Jules.

— Et ses sœurs sont levées aussi, dit Marc.

— Je n'ai pas entendu les autres; je n'entends que Very-Nice. Hier, elle portait un collier de jais... elle avait gardé ce collier cette nuit... elle n'avait gardé que cela... adorable enfant!... Dieu te préserve de la connaître, mon frère!

— Ses sœurs sont aussi belles...

— Tais-toi, mon frère... oui, elles sont

aussi belles. Aimes-en deux, laisse-moi Very-Nice; laisse-moi la vie. Allons les voir; le soleil aussi se lève pour les voir. Viens, mon frère, viens.

Marc arrêta son frère par la main.

— Écoute-moi, Jules, lui dit-il. Je suis ton frère aîné...

— D'un an.

— D'un an et de sagesse. Nous nous sommes embarqués dans une triste affaire; mais il est temps encore de nous arrêter. Tu conçois que ce serait bien mal payer l'hospitalité que nous a accordée ce vieillard, si nous allions nous mettre en tête de séduire ses petites-filles et de jeter ainsi le trouble dans ce paradis terrestre, où la plus noble confiance nous a reçus. Tenons-nous sur nos gardes; soyons maîtres de nous; restons avec ces jeunes femmes dans les limites de la politesse; ne confions rien à nos paroles de ce qui pourrait laisser croire à d'autres sentiments que ceux de la reconnaissance et de l'amitié.

— Quel âge as-tu, frère?

— Vingt cinq ans.

— Vieillard! songe que je n'en ai que vingt-quatre moi, et que je suis à mon premier amour.

— Oui, amour d'hier...

— Mon frère, un amour de cette nuit; entends-tu? de cette nuit.

— Ainsi, tu vas te lancer au hasard dans ce roman, les yeux fermés.

— Eh! sommes-nous les maîtres de conduire notre vie, c'est notre vie qui nous conduit. En avant, nous avons perdu deux heures de ce jour qui commence; deux heures d'extase de moins.

Jules sortit du bois d'un pas résolu, entraînant avec lui son frère; ils arrivèrent bientôt sur le perron de la ferme, au moment où John Hamlet sortait pour sa promenade du matin. — Ah! vous voilà, mes enfans, dit le vieillard, j'ai compté sur vous pour passer ma journée; je suis resté seul à la maison et Luxton a conduit ses sœurs chez mon fils et ma fille, à la petite ferme, là bas, ils ont profité de la fraîcheur du matin pour faire cette course, on a besoin d'eux à la ferme, nous entrons dans la quinzaine des récoltes et il faut que les maîtres surveillent le travail; n'est-ce pas mes enfans?

Jules et Marc gardèrent le silence et serrèrent les mains du vieillard; en ce moment un nuage descendit sur la ferme, les rayons du jour s'éteignirent, la jolie rivière roula du limon, les fleurs et le gazon se fanèrent, les arbres prirent des teintes funèbres, toute cette belle nature se revêtit d'un crêpe de deuil, les trois sœurs, les trois étoiles avaient disparu.

Marc rappela toute sa force et fit bonne

contenance pour cacher au vieillard le désespoir mal déguisé de Jules, il engagea l'entretien sur une foule de sujets qui souriaient au maître de la ferme, il le questionna sur l'agriculture, sur la saison des ouragans, sur l'économie domestique qu'il avait appliquée à son petit royaume, le vieillard naturellement causeur et ravi de trouver un auditeur complaisant, chose rare dans un désert, entra dans les plus minutieux détails et fit briller son érudition d'agronome : la promenade et la conversation durèrent jusqu'à l'heure du déjeûner ; le reste de la journée n'amena aucune circonstance remarquable, on fit la sieste à midi, on dîna au coucher du soleil, à la nuit John Hamlet se retira dans son appartement.

Lorsque Jules fut seul avec son frère il lui dit : je viens de passer un horrible jour, un jour éternel, comme un jour de l'enfer, n'esaye pas de m'arrêter, parce que je te résisterais, je résisterais à Dieu! Frère, garde la maison du vieillard, moi je vais respirer où elle respire, il n'y a point d'air ici.

— Va : dit froidement le frère, je te comprends, tu es plus heureux que moi, tu connais la femme que tu aimes, moi je l'aime et je ne la connais pas, j'en aime une, j'en aime trois, je n'en aime point, je suis si faible à cette heure, que je t'accompagnerais s'il ne fallait pas que l'un de nous au moins reste dans la maison, sois de retour avant l'aube, et ne t'oublie pas.

Jules partit dans la direction que le vieillard avait souvent indiqué du geste en parlant de sa petite ferme, d'ailleurs la rivière devait l'y accompagner : il suivit la rive droite, entra dans le grand massif de forêt où l'eau se perdait comme dans un gouffre, et après une heure de marche il vit la petite ferme dans son couronnement d'ombrages, la barrière était fermée, Jules la franchit sans peine et toucha de sa main les arbres qui dominaient la maison.

En ce moment la nuit était fort sombre, des nuages énormes, des vapeurs d'ouragan voilaient les étoiles; on entendait frémir les feuilles dans le bois, et le jeune homme tressaillait à ce bruit comme à une plainte sortie d'un cimetière, il rôdait autour de la ferme, cherchant à deviner la chambre des trois sœurs, lorsqu'il entendit tout près de lui un soupir qui ne venait pas de la forêt et qui avait une expression humaine, Jules s'arrêta court, et un frisson sillonna son épiderme, il y a ici un témoin, se dit-il en lui-même, malheur à lui! nous sommes trop de deux ici.

Et il arma ses pistolets.

Comme il regardait un massif de feuilles tendues sur une muraille de la maison, il vit luire deux yeux sous un chapeau de paille agité par les mouvements d'une tête.

Jules s'avança hardiment, et la demande qu'il allait faire fut prévenue par une réponse.

— C'est moi ; dit une voix.

Jules laissa tomber ses armes, ces deux syllabes l'avaient foudroyé.

Quand on courbe le gazon la nuit, dit la même voix, il faut avoir soin de le relever le matin.

Jules était anéanti...

Celui qui parlait se débarrassa tout-à-fait de son enveloppe de feuilles, il prit Jules par la main et le conduisit à l'écart dans le bois, pour parler plus à l'aise sans péril d'être entendu.

C'était Luxton, le frère des trois adorables filles, Jules aurait mieux aimé rencontrer Satan.

— Que venez-vous faire ici? dit Luxton, avec cette indolence d'organe et de maintien qui chez les créoles prélude à l'explosion.

A quoi sert la bravoure et la fermeté de cœur dans certaines circonstances? L'homme intrépide qui est surpris en tort flagrant est bien malheureux, car il rougit de lui-même comme un lâche, Jules n'avait qu'une ressource honorable, il s'en servit.

— Monsieur, dit-il avec une voix tremblante; j'aime uue de vos sœurs; je suis venu pour vivre une heure dans l'air qui l'entoure, j'ignore quels sont ici vos usages, mais si comme je le crois ils ressemblent aux nôtres, je puis réparer mon tort, je suis jeune et je suis riche, je demanderai votre sœur à votre père, et si elle y consent je l'épouserai.

— Vous l'épouserez, dit Luxton avec un accent ironique.

— Oui, monsieur; j'épouserai votre sœur.

— Et laquelle?

— Laquelle!... permettez-moi d'attendre jusqu'à demain, je vous répondrai.

— Non, vous ne me répondrez pas, monsieur, je ne veux pas que vous me répondiez... je vous ai fait une demande étourdie... oubliez-la..... Vous êtes arrivé à la ferme depuis quelques jours, vous avez été reçu avec cordialité, ne l'oubliez pas... Vous l'avez oublié la nuit dernière, monsieur... cette nuit encore; vous ne saviez pas qu'un œil qui ne dort jamais était ouvert sur vous, je ne veux pas affliger mon aïeul de ces rapports affligeants pour un vieillard, le secret est entre vous et moi, si vous voulez épouser une de mes sœurs, demandez la demain à son grand-père et gardez-vous bien de dire un seul mot, de donner un seul regard à celle de mes sœurs que vous avez choisie, seulement je désire que l'amour vous ait bien inspiré, et que le nom de jeune fille que vous prononcerez demain ne fasse pas descendre sur cette campagne... descendre, pour la première fois, la.....

— La....?

— La mort! dit Luxton d'une voix sourde, et il disparut.

Jules resta long-temps immobile à sa place, où il avait entendu cette formidable parole.... La mort! disait-il tout bas.... quel horrible mystère y a-t-il dans ce mot!

Et il n'osait lever les yeux sur la petite ferme où l'innocence endormie ne soupçonnait pas quels violens orages éclataient au dehors. Le besoin de revoir son frère Marc et la crainte d'être surpris par l'aube, le déterminèrent à reprendre le chemin de la grande ferme : il s'y rendit en courant et tomba devant le lit où son frère dormait.

Tous les détails de cette nuit furent racontés à Marc. Je suis bien malheureux dit Jules en finissant son récit. Il m'était défendu de parler; tout ce que je t'ai dit était un secret qui devait rester entre lui et moi.

— Oh! tes intérêts sont les miens, dit Marc, tu n'as pas violé ta promesse, n'avons-nous pas à nous deux la même âme, le même cœur : aujourd'hui surtout!

— Il faut donc que je demande Very-Nice en mariage.

— Sans doute, tu l'as promis solennellement, au désert, en face de Dieu.

— Mais que dis-tu de cette terrible menace de Luxton!

— Elle est claire, Luxton est un enfant

de la nature; c'est l'Abel de cet Eden, et comme Abel...

— Il aime une de ses sœurs!

— Je n'en doute pas.

— Et il aime Very-Nice! s'il en aime une, c'est elle.... Et si j'épouse Very-Nice... il y a une mort dans l'air! Oh! ces jeunes créoles ne sont point des fanfarons! nous aurons une catastrophe ce soir.

— Soyons hommes, frères, allons jusqu'au bout et présentons-nous calmes et résignés à l'événement.

— Oh! tirons-nous vite de cette horrible incertitude, descendons chez John Hamlet; un quart-d'heure de retard m'étoufferait.

— Allons! dit Marc.

Le vieillard émondait un jeune acacia et le cortège habituel de ses oiseaux lui faisait fête. Jules, d'un air grave, le salua; Marc lui serra les mains, et le vieillard remarquant le changement qui s'était opéré sur leurs physionomies, leur dit :

— Vous paraissez bien tristes ce matin, mes enfans, est-ce que vous songeriez déjà à votre départ?

— Au contraire, dit Jules. Cette habitation nous plaît, et si vous daigniez nous donner un arpent de votre domaine, nous y ferions un établissement pour toute notre vie. Nous avons en portefeuille des titres qui vous prouveront que nous sommes dignes de prendre rang parmi vos sujets. Je ne vous parle pas de notre fortune, nous vous en parlerons quand vous l'exigerez... maintenant...

Jules s'arrêta comme s'il eut été saisi d'une extinction de voix.

— Continuez, continuez, mon fils, dit le vieillard en souriant..

— Votre fils, dites-vous; consentiriez-vous à me donner ce nom?

—Eh! certainement.... pourquoi pas?

— Ce nom, et...

— Et?

—Et une de vos petites-filles, mon père..

Jules s'assit sur le gazon, épuisé de l'effort qu'il avait fait. Le vieillard lui tendit la main.

—Une de mes petites-filles.... Ah ! vous me demandez l'impossible, mon enfant...

— Sois homme, Jules! s'écria Marc, qui vit une pâleur de mort sur le visage de son frère. Jules regardait le vieillard avec des yeux éteints.

—Mon fils, dit John Hamlet, il y a dans les familles des secrets qu'on ne divulgue que dans les grandes occasions. J'ai juré de marier deux de mes filles le même jour. Ne m'interrogez pas là-dessus, je serais forcé de garder le silence.

— Eh bien! dit vivement Marc, ma demande devait arriver après celle de mon frère ; voulez-vous avoir deux enfans de plus.

— Ah! ceci arrange tout, dit le vieillard; comment, vous consentez à vivre ici tous deux?

— Eh! mon Dieu! c'est ce que nous demandons au ciel.

— Voyons, dit le vieillard, avec une physionomie rayonnante de joie; vous, Jules, laquelle des trois avez-vous choisie?

Jules regarda autour de lui d'un air sombre.

Comment! dit le vieillard, est-ce que la gaîté ne vous revient pas?

— Oui, oh! oui, dit Jules en s'efforçant de sourire; j'ai choisi miss Very-Nice.

— Et vous, Marc? dit le vieillard.

— Moi... moi... attendez...

— Heva, ou Fanny... Celle des deux qui voudra bien m'accorder le bonheur de l'épouser.

Jules serra la main de Marc, et lui fit un signe d'intelligence.

— Voici justement Luxton qui arrive à cheval de la petite ferme, dit le vieillard, nous allons lui annoncer toutes ces bonnes nouvelles.

— Oh! si vous retardiez encore..... dit Jules, toujours pâle et hors de lui.

— Pourquoi donc? dit le vieillard; les bonnes nouvelles n'arrivent jamais trop tôt. Luxton, Luxton.

Et le vieillard l'appelait du geste et de la voix.

Luxton quitta son cheval à la barrière et marcha vers le groupe. Des quatre acteurs de cette scène, le vieillard seul était calme et joyeux; les trois jeunes gens dissimulaient mal leurs émotions intérieures. Jules, surtout, était agonisant.

Luxton, dit le vieillard, ta présence est réclamée ici; nous tenons un conseil de famille... tu es bien pâle ce matin, Luxton ; as-tu souffert cette nuit?

— Non, non, père... j'ai peu dormi... fort peu.

Alors ce n'est rien, continua le vieillard ; voici deux jeunes gens qui veulent entrer dans notre famille...

— Deux? ah!

— Oui, deux... ta voix est bien émue, Luxton, tu souffres?

— Non, non, père... continuez ; le galop du cheval m'a fatigué.

— Oui, Duke a le galop dur.

— Oh! mon Dieu! inspire-moi, dit Marc, dans un *à parte* d'oraison mentale. Puis haussant la voix, tandis que le vieillard regardait Luxton avec inquiétude, Luxton, dit-il, mon frère demande en mariage miss Very-Nice, et moi, miss Héva.

On entendit un cri et l'on vit tomber Luxton sur l'herbe.

— Ah! s'écria le vieillard, il y a vingt-deux ans que j'ai prédit cela !... vite, vite, du secours à ce pauvre enfant.

Jules était immobile. Marc courait à la ferme. Le vieillard agitait les mains de Luxton. Les domestiques accouraient de tous côtés.

Luxton reprit ses sens, et un sourire rayonna sur sa figure; il tendit une main à Jules et l'autre à Marc. Les deux frères étaient ébahis.

— Luxton, dit le vieillard, je crois te comprendre; c'est un accès de joie qui t'a suffoqué, dis?

Luxton ne répondit pas.

Va goûter un peu de repos, continua le vieillard; va, mon fils; reprends tes forces, et espère en Dieu.

Luxton entra dans la ferme et serra une seconde fois les mains des jeunes gens.

Venez-ici, maintenant avec moi, vous deux, dit John Hamlet avec mystère aux oreilles de Marc et de Jules, et il les entraîna au jardin. Mes enfans, savez-vous ce que cela signifie? Luxton aime la plus jeune, il aime Fanny....

— Oh! c'est bien naturel, dit Marc, un frère !

— Luxton n'est pas son frère ; Luxton n'est pas mon petit-fils.

Marc et Jules poussèrent un cri de surprise.

— Silence! continua le vieillard, il est encore trop faible pour apprendre ce secret; il le saura demain. Luxton est le fils d'un Anglais qui mourut ici, dans cette ferme, il y a vingt ans. Luxton bégayait à peine, lorsqu'on me l'apporta du Cap. Mon fils et moi nous l'adoptâmes : il a été élevé avec mes trois filles, les croyant toujours ses sœurs. Je ne voulais lui révéler le secret de sa naissance que le jour du mariage de deux de ses sœurs, pour en marier trois le même jour, et ne donner de la jalousie à personne. La Providence vous a conduits ici par la main. Que Dieu soit loué ! je donne mille livres au ministre qui viendra du Cap pour bénir mes enfans.

Marc et Jules tombèrent aux genoux de John Hamlet.

Ici se termine cette histoire. La dernière lettre écrite par Jules à M. E. T., son meilleur ami, annonce que les trois mariages ont été consommés. La ferme de l'Orange sera bientôt une colonie Anglo-Française. Il y aura de la poésie encore, dans cette partie du monde, pendant quelques années, et après, elle sera exilée de l'univers : Marc et Jules auront recueilli les derniers soupirs de cette fille du ciel. La ferme de l'Orange aura le sort d'Otahiti et de Juan Fernandez.

LE CHATEAU D'UDOLPH.

LE CHATEAU D'UDOLPH.

Le Château d'Udolph.

Anne Radcliffe avait une sombre imagination; elle n'a pas inventé les fantômes, mais elle les a perfectionnés; le nombre des êtres mystérieux que cette femme féconde a mis au jour est incalculable. Les romanciers prennent ordinairement leurs héros dans le monde réel, Anne Radcliffe

a exhumé les siens du monde imaginaire.
Tout personnage convaincu d'exister était
naturellement exclu de ses domaines :
aussi pour se livrer en conscience à l'étude du genre qu'elle exploitait, elle s'était
retirée à l'écart, et se faisait une vie conforme à sa vocation d'auteur infernal.
Rien de terrible comme un souterrain
creusé par les mains d'Anne Radcliffe. Les
châteaux qu'elle a bâtis sont inhabitables
et inhabités, car il s'y passe d'effrayantes
choses, à minuit, heure officielle des fantômes, heure qu'on n'entend jamais tinter
au beffroi sans éprouver douze battements
au cœur. Hélas! le siècle a changé : on ne
croit plus à rien aujourd'hui. Les spectres
sont destitués; la mythologie d'Anne Radcliffe est tombée dans le néant. Nous sommes tous des esprits forts; nous dînerions
avec le spectre de Banco, s'il nous donnait à dîner. Minuit n'est plus pour nous

une heure formidable; c'est le midi de la nuit.

John Lewing ne pensait pas ainsi; c'était un esprit faible. Fils d'un honorable baronnet du Devonshire, il avait hérité d'une immense fortune, à l'âge heureux où l'homme en estime le prix, parce qu'il peut l'échanger en détail contre des jouissances. Mais John Lewing ne se souvenait de sa richesse qu'à de rares intervalles, et ne l'appelait à son aide que pour satisfaire la plus fantastique des passions. Il s'était prouvé qu'il avait vu deux revenants, et un certain nombre de spectres; il avait divisé les apparitions en catégories; il aimait assez les lutins; il plaisantait avec les aspioles; il souriait aux farfadets; il causait même familièrement avec les fantômes, mais il ne pouvait pas souffrir les spectres, et surtout les revenants. Cependant, il ne les craignait pas; il ne négligeait aucune occasion de rencontrer sur son passage une compagnie de spectres enchaînés, et d'entrer en relation de bon voisinage avec eux. Il avait habité plusieurs châteaux dans le Devonshire, dont la réputation était tarée. Il avait pris à bail quatre de ces châteaux, et toutes les nuits il changeait de chambre, comme Denis-le-Tyran, non pour éviter une apparition, mais pour la rencontrer, en supposant qu'un spectre affectionnât plus particulièrement une chambre qu'une autre. Eh bien! avec toute cette verve de curiosité nocturne, il n'était parvenu qu'à voir deux revenants, et encore avait-il des moments de doute lorsqu'il y réfléchissait.

La bibliothèque de John Lewing ne se composait que des romans d'Anne Radcliffe : ils étaient reliés en peau de goule, disait-il, et noircis sur tranche, avec des os en sautoir. Les rayons étaient en bois de cyprès. Son livre de prédilection ne pouvait manquer de se nommer les *Mystères du château d'Udolphe*. Quel roman ! c'est le beau idéal de la laideur souterraine ; comme ils sont gais auprès de celui-là tous les tristes ouvrages du même auteur. Jamais Anne Radcliffe n'a fait plus de dépenses de frayeur que dans *Udolphe*. Chaque page semble tourner avec un accompagnement de ferrailles : chaque ligne est sablée avec de la poudre de tombe ; chaque lettre est un œil éteint qui regarde le lecteur. Un homme nerveux ne peut dormir dans une chambre habitée par ces quatre volumes sulfureux ; il est obligé de les exiler dans l'intérêt de son sommeil.

Anne Radcliffe a fait l'exacte topographie des montagnes sur lesquelles planait le château d'Udolphe ; elle a mis une conscience louable à dépeindre les localités avec les plus minutieux détails ; bien différente en cela de tant de romanciers qui ne respectent point le lecteur, et bâtissent des châteaux imaginaires dans des pays qui n'existent pas. Anne Radcliffe a si bien cadastré le domaine d'Udolphe avec ses appartenances et dépendances, que, avec la première carte des Apennins qui lui tombe sous les yeux, le moins géographe des hommes met le doigt sur le point, et dit, comme le héros du roman *Voilà Udolphe!!!*

John Lewing dessina un jour, sur la poussière d'Hyde-Park, le sombre manoir de Montoni, la montagne qui le porte à regret et le bois de sapins qui s'incline de honte d'avoir couvert tant de crimes. Puis, il prit des lettres de crédit sur son banquier de Florence, et s'embarqua à Brighton pour Livourne, avec un exemplaire du roman d'Udolphe et quelques foulards pour tout bagage; il avait fait un itinéraire sur son album, qui l'aurait conduit à Udolphe les yeux fermés.

John Lewing arriva en Toscane le 4 juin 1852; il ne s'arrêta à Livourne que pour prendre du thé à la *locanda* du *Quercia reale*. En six heures, sa chaise de poste l'avait déposé à Florence, chez Schneider.

A table d'hôte, il y avait un Allemand octogénaire qui était venu de Munich pour mourir à Rome devant un tableau de Cornélius; un Anglais, qui était amoureux de la Vénus de Médicis, et l'avait demandée en mariage au Grand-Duc; et trois jeunes Français qui faisaient de l'art et portaient de longs cheveux. Au dessert on parla : chacun exposa ses principes. John Lewing n'avait d'autres principes que ses théories sur les revenants; il les exposa avec beaucoup de gravité : les convives furent ébahis. La carte des Apennins se déroula sur la table; on demanda des épingles au garçon; John Lewing se promena sur les crêtes boisées, traversa les lacs, franchit les torrents, pénétra hardiment sous les voûtes sombres du château d'Udolphe fit habiller ses convives en spectres, avec des serviettes, et fut saisi d'une attaque de nerfs. Les trois Français qui faisaient de l'art accompagnèrent John Lewing à sa chambre à coucher, et lui présentèrent d'une voix sépulcrale une infusion de tilleul. John Lewing, pour récompenser cette générosité française, développa tous ses plans et pria les jeunes Français de vouloir bien l'accompagner à Udolphe. Les Français s'excusèrent civilement, en disant qu'ils étaient forcés de rester à Florence pour remettre en lumière une fresque effacée de Memmo Gaddi.

John Lewing leur dit : « Eh bien ! je partirai seul. »

A minuit on se sépara.

Deux jours après, John Lewing demande des chevaux, et court en poste sur la route de Sienne jusqu'à ce village, composé de deux maisons, qui se nomme misérablement Torrinieri. Là, notre Anglais fit seller un cheval, suspendit le roman au cou de la bête, et s'éloigna de la grand'route, pour marcher directement sur le château mystérieux. Entre Polderina et Riccorsi, la chaîne des Apennins s'allonge avec des contorsions effrayantes; il y a des groupes de montagnes qui semblent s'être associées pour soutenir le ciel. Avant de descendre dans la profonde route qui tombe d'aplomb sur les chaumières de Riccorsi, on aperçoit à droite des amoncellements fantastiques de terrain, des collines rouges, des rochers sillonnés de rides, des montagnes qui ressemblent à des dômes de cathédrales; tout ce paysage est d'une tristesse qui ne peut jamais parvenir à s'égayer au soleil italien. Lewing prit sa carte, la déroula sur le cou de son cheval, et établit ses positions. Udolphe n'est pas loin d'ici, dit-il; voilà une véritable campagne de revenants. Il se mit à chevaucher çà et là, toisant les montagnes du sommet à la base, et s'arrêtant par intervalles pour lire un chapitre du roman.

Au milieu de ces perplexités, il avisa un pâtre mélancolique assis sur un tertre de gazon, une houlette à la main et gardé par un chien. Il galope vers le pâtre, et lui demande dans une langue qui avait toutes les peines du monde à se faire italienne, s'il était bien éloigné du château d'Udolphe.

Le pâtre était enveloppé, de la tête aux pieds, d'un vieux manteau rouge, et ne laissait entrevoir que ses yeux et la moitié de son front, car la brise fraîchissait sur les Apennins. Il souleva lentement sa tête, regarda l'Anglais, et lui fit signe qu'il ne comprenait pas.

John Lewing à son tour regarda fixement le pâtre, et un rapide frisson le secoua vivement. C'était effrayant en effet, un pâtre sans troupeau, un manteau rouge et un chien noir. On aurait cru voir un post-scriptum du roman de Radcliffe, oublié dans ce désert. Cependant l'héroïque Anglais imposa silence aux battements de son cœur; et, appelant à son secours tous les lambeaux de la grammaire de Veneroni, que sa mémoire tenait à sa disposition, il engagea le colloque suivant :

« Êtes-vous de ce pays, ô berger?

— Oui, excellence, répondit le pâtre, avec un accent de bucolique, je suis natif de Polderina.

— Me permettez-vous de vous demander des nouvelles de votre troupeau?

— Eh! mon troupeau m'a abandonné à

mon malheureux sort; mon chien seul m'est resté fidèle.

— Quelle est votre profession aujourd'hui?

— Pâtre, toujours pâtre. Le seigneur Montoni m'a promis de me monter un troupeau; j'attends.

— Le seigneur Montoni! dites-vous? Il y a un seigneur Montoni dans cet endroit?

— Oui, excellence; vous le connaissez?

— Si je le connais! lui, non; mais son aïeul.... Dites-moi, habite-t-il toujours le château d'Udolphe?

— Il habite cette chaumière que vous voyez là-bas, là-bas, à deux lieues d'ici. On l'appelle toujours le seigneur Montoni, mais il est aussi pauvre que moi.

— Le scélérat!... Je parle de l'aïeul; et que fait-il ce Montoni, le petit-fils?

— Il arrête les voyageurs et les dévalise; au fond, c'est un honnête homme.

— Vraiment! il a donc été exproprié du château de ses aïeux?

— Oui! le château tombe en ruines.

— En ruines, ce merveilleux château! Est-il bien loin d'ici?

— Le seigneur Montoni?

— Non, le château.

— On peut le voir de la place où vous êtes.... Tenez, montez sur ce petit rocher, et regardez entre ces deux chênes qui se penchent.... Vous voyez quelque chose de noir, n'est-ce pas?

— De très noir, oui.

— C'est la dernière tourelle qui reste à Udolphe....

— Ah! il y avait tant de tourelles!... Pourriez-vous m'accompagner jusque-là?

— Avec plaisir, excellence; depuis que je n'ai plus de troupeau, je ne demande que des occasions de me distraire; voilà la place où je le menais paître tous les jours. Ah!

— Pauvre garçon! Tenez, voilà vingt guinées pour vous consoler.

— De l'or! de l'or! Non, non, gardez vos dons, généreux étranger; vos guinées m'ôteraient le bonheur dont je jouis.

— Et de quel bonheur jouissez-vous, dans votre infortune?

— Je cultive la vertu.

— Très bien! Après?

— Voilà tout.

— De quoi vivez-vous ici?

— Je vis au hasard; un air pur m'environne, le soleil me chauffe de ses rayons. »

Le pâtre et l'Anglais cheminaient en causant ainsi. Voilà, dit en lui-même John Lewing, voilà le pâtre le plus original que j'aie vu de ma vie; Dieu me damne, si je comprends cette existence-là! Après une courte pause le colloque recommença.

« Monsieur le pâtre, dit l'Anglais, auriez-vous entendu parler, par tradition, des mystères du château d'Udolphe? »

A cette interrogation, le pâtre s'arrêta brusquement et manifesta une vive émotion; son corps parut frissonner sous le manteau rouge; il regarda l'Anglais du fond de ses yeux vitrés par l'effroi. Le chien noir hurla rauquement. John Lewing fit trente conjectures à la minute, et resta muet sur son cheval de poste. Le vent sifflait dans les rameaux secs d'un vieux figuier stérile qui avait l'air de vouloir se mêler à la conversation.

Le pâtre hocha la tête, avec des mouvements solennels et mélancoliques, et John Lewing, s'apercevant qu'il allait enfin parler, descendit de cheval pour l'écouter de plus près.

« Seigneur, dit le pâtre, vous me faites là une demande terrible, et qui rouvre de vieilles blessures; rétractez-vous votre demande, ou persistez-vous?

— Je persiste, dit l'Anglais.

— Voulez-vous savoir qui je suis?

— Oui.

— Je suis le petit-fils d'Annette et de Ludovico.

— Grand Dieu! le petit-fils de ces deux honnêtes....

— Oui, seigneur, lui-même.... regardez ce figuier.

— Je le regarde.

— C'est à l'ombre de ce figuier que se sont reposés mon aïeul, mon aïeule, et la jeune et belle Émilie, et M. Dupont, lorsqu'ils s'échappèrent du château d'Udolphe.

— Ils se sont reposés là!.... Permettez que je coupe une branche de l'arbre vénérable qui a ombragé tant de vertus. Continuez, fils de Ludovico.

— Savez-vous le nom du village que vous venez de traverser?

— Polderina, je crois.

— Justement. Eh bien! c'est là qu'Émilie acheta un chapeau de paille d'Italie, dont elle avait grand besoin pour son voyage à Livourne.

— Oui, oui; ce chapeau de paille.... Tome III, page 247, édition d'Édimbourg.

— Avançons toujours, vous n'êtes pas au bout. Voyez-vous ces bruyères qui s'agitent comme des chevelures dans une cuve pleine de damnés, et chauffée à soixante degrés Réaumur?

— Oui, ô le plus poétique des pâtres!

— C'est là qu'eut lieu la disparition de la signora Laurentina.

— Ombre chère! elle plane peut-être....

— Elle plane, n'en doutez pas. Aussi ces

bruyères s'agitent toujours, même en l'absence du vent.

— Permettez que je coupe un rameau de ces bruyères.

— Nous sommes en ce moment dans le chemin creux où passaient les *condottieri*, quand ils se rendaient de Venise à Udolphe.

— Je ramasse un caillou de ce chemin creux.

— Voici une petite prairie qui fut baignée par les larmes de Valancourt.

— Je cueille un brin d'herbe pour ma collection.

— Et voici..... non, pour me servir de l'expression consacrée, *voilà*, *voilà Udolphe!*

— Ah mon Dieu!.... tenez un instant la bride de mon cheval, je veux me prosterner.... Comment, voilà donc ce magnifique château! est-il perché!... Mais, dites-moi, je ne vois pas la forêt de sapins.

— Incendiée, incendiée!...

— Incendiée!

— Par la malveillance. Maintenant, prenons haleine et gravissons ce rude sentier.

— Oh! je reconnais ce sentier,..... et Valancourt aussi le connaissait ce sentier! infortuné jeune homme!.... O jeune pâtre, comment pourrais-je reconnaître le service que vous me rendez; oh! je vous serais le plus reconnaissant des hommes, si vous acceptiez un troupeau de ma main.

— Pas une brebis. Je n'ai besoin de rien : ma pauvreté me suffit.

— Ce désintéressement fera mon désespoir. Dites-moi, s'il vous plaît, comment vivez-vous avec le petit-fils de Montoni?

— Le temps et le malheur adoucissent singulièrement les haines; je suis intimement lié avec le petit-fils du persécuteur de mon aïeul Ludovico.

— Cela me touche aux larmes et me réconcilie avec le nom de Montoni : le petit-fils ne persécute plus personne?

— Eh mon Dieu! que voulez-vous qu'il persécute! il serait bien tenté quelquefois de commettre quelques cruautés par désœuvrement, mais il n'a pas un écu ; il faut être riche pour être cruel impunément. Sénèque l'a dit : *Da posse quantùm volunt.*

— Ciel! vous avez lu Sénèque? vous parlez latin? Oh! ces montagnes ne méritent pas de vous posséder! quel troupeau ne se glorifierait pas de vous avoir à sa tête! Venez à Londres avec moi, monsieur; venez, je vous donnerai un de mes vieux châteaux.

— Ah! pourrais-je vivre loin de ces lieux, témoins des malheurs de ma famille et de mes malheurs personnels! Quelle douceur trouverais-je qui valût la calamité qui m'accable à l'ombre de ces figuiers?

En conversant ainsi, ils arrivèrent sur le plateau de la montagne. Un singulier spectacle ôta la parole à l'Anglais.

Des ruines étaient amoncelées dans un fossé large et profond qu'elles avaient comblé. La moitié d'un château était encore vigoureusement debout; une tour bien conservée s'élevait comme la tige d'un aloès, d'un grand bouquet de chênes, et assistait, comme un soldat vivant, à la dévastation d'un champ de bataille. Le pont-levis était ironiquement levé devant une muraille absente; et, sur un fossé sans eau, des pins chétifs avaient envahi la grande galerie, et semblaient s'y promener sur deux rangs, comme des nains mystérieux. Un escalier gigantesque montait vers des appartements supérieurs qui n'existaient plus. Le vent des Apennins

7.

avait ensemencé toutes ces ruines et les avait couvertes de cette végétation puissante et capricieuse que l'art n'imitera jamais.

John Lewing reconnut parfaitement les localités. Il fit le devis du château et nota du doigt, dans l'espace vide, les salles écroulées où se passèrent tant de scènes inouïes. Il se désigna, avec une grande sagacité, les parcelles d'air où était suspendue la chambre funèbre du tableau de cire; il se montra dans le vide le néant où fut cloué ce tableau, et il frémit. Il se promena dans le corridor absent qui avait entendu tant de plaintes nocturnes, et il se recueillit pour saisir encore un écho de ces plaintes. Le pâtre le suivait partout avec son chien noir.

Ils arrivèrent au pied de la tour; la porte était defendue par des buissons hérissés comme des chevaux de frise. John Lewing se fraie un passage à travers ces épines, en y laissant en ôtage des lambeaux de ses vêtements. L'escalier était vermoulu et sombrement éclairé par des lucarnes pratiquées dans l'épaisseur du mur. Au premier étage, l'Anglais entra dans une chambre qu'il reconnut du premier coup : c'était la chambre d'Émilie; l'ameublement se composait d'un bois de lit et d'un matelas en putréfaction. John Lewing baisa ce lit. « O Valancourt ! » s'écria-t-il; et il pleura. Il vit aussi distinctement sur le mur le chiffre VE en caractères de sang.

« La nuit approche, dit le pâtre avec sa voix mélancolique.

— Eh ! que m'importe ! c'est la nuit que j'attends, que j'implore, dit l'Anglais. Quand finira-t-il ce jour odieux ; je déteste le soleil.

— Mais songez, seigneur, que nous ne

pourrons pas regagner Torrinieri ou Polderina dans l'obscurité.

— Ça m'est bien égal; je couche ici. »

Le pâtre recula d'horreur.

« Vous couchez ici!...

— Certainement! là, dans ce lit.... le lit d'Émilie! ô Valancourt!

— Et où souperez-vous?

— Je ne soupe jamais. J'irai déjeuner demain à Torrinieri; faites-moi le plaisir de mettre mon cheval au vert dans les ruines; il boira la rosée de la nuit. Vous n'avez pas la fantaisie de passer la nuit avec moi, vous?

— Dieu m'en garde!

— Mettez-vous à votre aise; mais ne manquez pas de vous trouver demain à Torrinieri, à l'auberge de.... à l'auberge enfin, il n'y en a qu'une. Adieu, vous que j'ose appeler mon ami. »

Le pâtre et Lewing se serrèrent cordialement la main. L'Anglais resta seul, dans la chambre d'Émilie; le pâtre et son chien disparurent bientôt dans le chemin creux.

La nuit tomba sur les vastes ruines et les couvrit d'une ombre transparente qui les faisait saillir dans un relief effrayant. Chaque masse de granit emprunta une physionomie étrange à cette clarté livide qui tombe d'un ciel étoilé, mais nuageux. La verdure des pins, des figuiers sauvages, des noyers, des hautes herbes, se fit noire comme un crêpe de deuil; c'était comme un cimetière hérissé de tombeaux dévastés, dont les épitaphes avaient disparu sous un voile de mousse, de saxifrage et de lichen.

John Lewing contempla long-temps, à travers des larmes de joie, ce spectacle ravissant pour lui. « Comme il est doux de passer ici ses soirées, disait-il, lorsque l'âge a bronzé notre épiderme et nous a ravi nos émotions! Cela ne vaut-il pas mieux, dites-moi, que de faire le wist dans un club illuminé au gaz? mais à quoi pensent donc les hommes qui s'ensevelissent dans une salle étroite, pour échanger entre eux ces paroles nauséabondes qu'ils appellent les charmes de la conversation? Les mortels sont vraiment fous! Oh! comme la vie est forte au milieu de ces ruines! Quel soleil vaut cette nuit? O Anne Radcliffe, grand homme! pourquoi n'as-tu pas de tombe d'honneur à Westminster? Je t'en promets une en marbre noir. »

Ce vœu fait, John Lewing se jeta tout habillé sur le lit d'Émilie, non dans l'intention vulgaire de dormir, mais pour penser, dans un saint recueillement.

Il pensait depuis quelques heures, lorsqu'il entendit distinctement sonner un coup d'horloge, puis deux, trois, jusqu'à douze! minuit!

Il se leva sur son séant et dit: « Voilà qui est bien singulier! ce n'est point un rêve; j'ai compté les coups, et la vibration roule encore dans la tour. Il y a donc un beffroi ici?.... Je donnerais cent guinées pour l'entendre une seconde fois. »

Le beffroi répéta minuit.

« Très bien! dit Lewing; je voudrais savoir quel est l'horloger qui règle cette horloge. » Et il se mit à rire aux éclats, pour faire honneur à sa plaisanterie.

Ce rire fut brusquement suspendu par des sons mélodieux qui semblaient monter du pied de la tour.

« C'est la harpe de Laurentia! s'écria Lewing, je la reconnais. » Et il courut à la croisée pour entendre et voir. Le prélude de l'instrument annonçait une romance; une voix chantait:

> O toi qui sus toucher mon âme,
> Mortel sensible et vertueux,

— Prends pitié de ma triste flamme
Seconde mon cœur et mes vœux.
Amant chéri, toi que j'adore,
Délivre-moi de mes tyrans ;
Pour flétrir celui que j'abhorre,
Il ne me reste que des chants.

« Ces vers, dit Lewing, ne sont pas fort bons, mais je les paierais volontiers cinq cents guinées. » Comme il se parlait à lui-même, il vit distinctement une ombre blanche qui se glissait dans les hautes herbes, au pied de la tour.

Respectons ce terrible mystère, dit Lewing ; *il ne nous appartient pas de sonder les effets surnaturels*, selon la belle expression de Radcliffe, dans son roman de *Julia, ou les Souterrains de Mazzini*.

Alors commencèrent d'épouvantables scènes, qui auraient glacé de terreur tout autre que l'héroïque John Lewing. La tour trembla sur ses vieux fondements, avec un bruit de ferrailles, si bien nourri, qu'on eût dit qu'elle était habitée par tous les fantômes du bagne de l'enfer. On entendait des cris étranges qui n'appartenaient pas à des poitrines d'hommes ; ces cris s'élançaient avec des sifflements brisés, comme s'ils avaient fait irruption à travers une rangée de squelettes ; du moins, c'était ainsi que se les expliquait Lewing. Il entendait des mots isolés, des phrases sans suite, sans doute interrompues par un vif aiguillon d'une flamme infernale qui suit le damné sur la terre, lorsqu'il a obtenu un congé de Satan. C'étaient des paroles lamentables, prononcées dans un italien à l'anglaise, comme si le plaignant eût voulu se mettre à la portée de son seul auditeur. Puis de longs éclats de rire qui allaient s'éteindre dans un concert de sanglots ; puis des râles affreux, comme si toutes les potences de Tyburn eussent fonctionné sur cent misérables agonies vouées au bourreau : le tout assaisonné de plaintes de vent, de bruissements de feuilles de vagissements de nouveau-nés, de ferraillements de fossoyeurs, de duos d'orfraies et de hiboux, de glas de cloches fêlées, de frôlements de suaires, de craquements de saules pleureurs, de lamentations de vierges outragées, de cliquetis de glaives, de soupirs de ponts-levis, de fracas de torrents sous une écluse, de souffles de fantômes infusés dans l'oreille, de miaulements de chats-tigres, de toutes les désolantes harmonies qui s'élèvent des lieux funèbres où la chair souffre, où le corps verdit, où l'âme pleure, où la vie se fait mort.

John Lewing analysa tous ces effets et les consigna dans un procès-verbal, en invitant l'assemblée invisible à venir le signer. Personne ne se présenta ; Lewing jugea convenable de se retirer dans une pièce voisine, pour laisser libre accès aux signataires.

A l'aube, le calme revint aux ruines; jamais aube ne fut plus maudite que celle-là; Lewing était furieux contre elle; d'abord il ne voulut pas la reconnaître et la nia. L'aube ne tint pas compte de cet aveuglement, et fit son chemin dans le ciel, en attendant l'aurore; puis un rayon courut sur la longue et double crête qui encaisse le large torrent de Riccorsi; c'était le précurseur du soleil; l'astre agile, en s'élançant sur l'horizon, rencontra une malédiction de John Lewing. Cet innocent soleil fut traité, en cette occasion, comme un de ces brouillons qui viennent troubler au théâtre un spectacle amusant, et font baisser le rideau.

John Lewing rentra dans la chambre d'Émilie, et prit la feuille de papier sur laquelle il avait écrit, en grosses lettres, dans les ténèbres, le procès-verbal de la nuit. Jugez de sa joie; il lut au bas les signatures suivantes en caractères sulfureux.

Ont signé :

Montoni, père et fils, ombres vaines.
Signora Laurentina, aspiole,
Valancourt, fantôme errant.
Émilie, jeune spectre.
M. Dupont, revenant,
Annette, goule,
Ludovico, farfadet.
Chœurs de *Condottieri* vénitiens. *

Lewing ne témoigna aucun étonnement à la vue de ces signatures; il trouva cela très naturel; mais sa joie était délirante. Il serra précieusement le procès-verbal, descendit de la tour, et se mit à chercher son cheval, sans espoir de le trouver, car il était probable qu'il avait disparu dans l'ouragan infernal de la nuit. « Comme

---

* Tous ces personnages appartiennent au roman du *Mystère d'Udolphe*.

tout est calme, disait-il, à cette heure ! Qui croirait que ces lieux viennent d'assister à tant de bruyantes scènes ? En prononçant ces derniers mots, il heurta du pied son cheval qui dormait tranquillement étendu sur le côté.

« Pauvre bête ! dit-il, le voilà qui se remet de l'insomnie agitée d'une terrible nuit ! Allons, voyons, sur pied ! tu dormiras à Torrinieri. »

Le cheval, mourant de faim et de soif, se leva péniblement, avec un maintien piteux de résignation; John Lewing s'élança lourdement sur lui, et piqua vers Torrinieri.

Il trouva le pâtre exact au rendez-vous sur la porte de l'auberge. Le pâtre sauta de joie en revoyant Lewing, comme s'il l'avait cru perdu sans retour. Lewing fut sensible à ces vives démonstrations d'amitié. « Déjeunons maintenant avant tout;

j'ai bu l'absinthe des Apennins, et je meurs de faim. Jeune pâtre, comment vous nommez-vous?

— Perugino.

— Perugino, je t'adopte pour mon fils.

— J'ai un père, seigneur lord.

— Tu en auras deux. Assieds-toi là, mon fils, et demandons un bon déjeuner. Voyons, toi qui connais le pays, que trouve-t-on ici de bon à manger?

— Rien du tout, monsieur, de la mortadelle fraîche et des œufs qui ne sont pas frais.

— Mangeons toujours.... Voyons, dis-moi, à qui appartiennent les ruines du château d'Udolphe !

— Au seigneur Montoni, mon ami.

— Cela ne lui rapporte rien, n'est-ce pas?

— Beaucoup moins.

— Vendrait-il cher ces ruines?

—Oh! il ne les donnerait pas pour un million; c'est le château de ses pères, et il a la consolation d'aller y mourir de faim, un jour, avec moi.

—Comment donc! est-il fou?

—Ah! seigneur, il faut respecter les honorables scrupules de la piété filiale; mon ami veut léguer à ses enfants cet héritage intact....

—Un héritage de revenants! A quoi pense-t-il?

—De revenants tant qu'il vous plaira, mais vous ne vendriez pas, vous, le château de vos pères.

— Un fameux château! des ruines!

— Oui, mais des ruines bien chères au cœur d'un fils. Nous sommes pauvres, nous, mais pleins de respect pour la mémoire de nos aïeux.

— Vos aïeux étaient des brigands.

— Sans doute, mais un fils ne s'informe

pas de la profession de son père ; il le vénère, quel que soit le nom dont la société l'ait flétri.

— Voilà de singuliers principes ! Enfin, peut-on le voir ce M. Montoni, petit-fils ?

— Il déjeune en ce moment chez son cousin Vilbarggio.

— Rendez-moi le service d'aller lui dire que je veux lui parler, Perugino. »

Le pâtre laissa John Lewing se débattant avec un nerf de mortadelle, et courut chercher Montoni le petit-fils.

Montoni arriva. C'était un jeune homme de trente ans, d'une figure farouche ; il était vêtu en jeune seigneur ruiné du seizième siècle ; ses haillons annonçaient une ancienne splendeur. Il portait une épée au fourreau de cuivre, semé de taches de vert-de-gris ; ses bottines avaient oublié la semelle sur les Apennins.

« Voilà mon noble ami », dit le pâtre. Montoni salua fièrement; Lewing s'inclina avec toute la courtoisie complaisante d'un Français.

« Seigneur Montoni, dit Lewing, vous êtes le propriétaire du château d'Udolphe, m'a dit Perugino.

— Oui, seigneur, et je m'en fais gloire, répondit Montoni avec un accent mâle très prononcé.

— Voudriez-vous le vendre?

— Le vendre? et que dirait la noblesse italienne si l'on savait que j'ai trafiqué du berceau de mes pères!

— Sans faire tort à vos pères, je vous prie d'observer que leur berceau est bien délabré; et je crois que la noblesse italienne ne se scandaliserait pas de cette vente. Écoutez, Montoni, vous me paraissez peu fortuné; je suis dix fois millionnaire, moi; je puis vous payer vos ruines ce qu'elles valent; demandez-moi un prix,

— Si je consentais à un pareil trafic, ce ne serait que dans le but légitime de m'enrichir d'un seul coup, afin de rendre à mon nom cet éclat, ce luxe, cette splendeur qu'il avait autrefois. Je vous avoue franchement que je ne vendrais pas mon château pour un prix ignoble et indigne de lui et de moi; mais je le céderais avec une certaine répugnance pour une somme d'une haute valeur. Donnez-moi cent mille écus, et je me résigne, en pleurant, à embrasser Udolphe pour la dernière fois.

— Touchez dans ma main, seigneur Montoni; Udolphe est à moi.

— Seulement, milord, je veux qu'il me soit permis d'y aller expirer de douleur, si la vie me devient à charge après cette cession.

— Tout ce que vous voudrez; mais vous n'expirerez pas.

— J'expirerai.

— Où sont vos titres de propriété?

— A Sienne. Je possède le château sous le nom de Filangieri, mon aïeul maternel; le nom de Montoni est proscrit en Toscane. Donnez-moi trois jours pour m'habiller convenablement, et je vous attends à Sienne, *Piazza del Campo*, à midi.

— Et moi, je vais écrire à mon banquier de Florence.

— Adieu, noble lord.

— Adieu, seigneur Montoni : adieu, Perugino. »

Trois jours après cette entrevue, les ruines d'Udolphe appartenaient à John Lewing.

Le voyageur ne se possédait plus de joie; dans son impatience de propriétaire, il monta à cheval et courut à franc étrier vers la montagne désirée. « Quelle douce nuit je vais encore me donner! disait-il à chaque élan du cheval; oh! comme je vais savourer cette noble veillée! Peut-être verrai-je des choses que je n'ai pas vues la première fois; les fantômes aiment la variété. Je donnerais pourtant cent guinées pour entendre une seconde fois la romance de Laurentina. »

Il arriva devant les ruines d'Udolphe à l'approche de la nuit; tout était à sa place; il mit son cheval au vert, et fut reprendre son poste dans la chambre d'Émilie.

Les ténèbres ne tardèrent pas d'envelopper le sommet de la montagne; elles étaient intenses à faire frémir. « Voilà une nuit irritée et menaçante, dit John Lewing; il se prépare ici quelque chose d'affreux et d'imprévu : c'est une déclaration de guerre de l'enfer; je suis prêt. »

Disant cela il se coucha, plein de joie et de résolution, l'oreille tendue au bruit du dehors, l'œil ouvert et impatient de curiosité. A chaque murmure de la nuit il se levait sur son séant, et disait d'une voix sourde : « Ah! voilà que ça commence! » Puis rien ne commençait, et il reprenait sa position horizontale. Jamais amoureux, au rendez-vous, n'éprouva plus de trépignements d'impatience que John Lewing au rendez-vous des fantômes.

Il fit sonner sa montre à répétition, et compta onze heures trois quarts. « C'est très bien, dit-il, il n'y a pas de retard; soyons juste et n'accusons personne. Si l'horloge de ces messieurs est réglée sur ma montre, comme cela doit être, je n'ai plus que quinze minutes d'ennui à subir; oh! qu'elles sont longues quinze minutes de nuit! »

La montre sonna une seconde fois; Lewing compta minuit et le quart. Oh! dit-il, il n'y a pas encore de quoi s'étonner; le beffroi retarde, ou bien ils ne sont pas prêts ces gens-là ; je les ai pris au dépourvu. Attendons.

La montre sonnait tous les quarts avec une rapidité désespérante. Lorsque l'heure attendue est arrivée sans amener le plaisir promis, le temps s'écoule aussi rapidement qu'il marchait avec lenteur dans l'expectative. John Lewing s'était levé d'impatience, et la tête appuyée sur ses deux mains, il contemplait de la croisée les ruines d'Udolphe, déjà légèrement blanchies des lueurs matinales de l'été. « Il faut convenir, murmurait-il, que c'est indécent de se comporter ainsi. Voilà l'aube, et rien ne paraît ! »

Rien ne parut en effet. L'aurore entrait avec sa clarté d'opale dans la chambre de la tour. La montagne et la plaine étaient à découvert. John Lewing exhalait sa rage contre les revenants, et méditait un procès contre eux.

Au lever du soleil, il descendit à l'auberge de Torrinieri et demanda le pâtre Perugino. Personne ne le connaissait dans le village. Il résolut alors de passer la journée à l'auberge, et de rentrer à Udolphe le soir : c'était justement la veillée du vendredi au samedi. « S'ils me font encore faux-bond cette nuit, disait-il, je désespère de les revoir; mais je me vengerai bien de ces fantômes-là ! »

Il fut exact au rendez-vous qu'il s'était donné. La nuit ressembla parfaitement à la veille; minuit passa comme une heure ordinaire. Le soleil du samedi trouva Lewing assis sur une ruine, et pâle de consternation. Une troisième tentative qu'il fit encore en désespoir de cause n'eut pas un résultat plus heureux. « Retournons à Sienne, dit-il, et demandons des nouvelles de Perugino, de Filangieri et de Montoni. »

A Sienne, John Lewing heurta à la porte de la maison où le contrat avait été passé. La porte ne s'ouvrit pas : elle était inhabitée depuis cinq ans. « Je suis la victime de l'enfer de mon vivant, murmura-t-il, avec un accent de mélancolique résignation ; allons prendre du thé au café de la *Piazza del Campo.* »

En prenant son thé, il parcourut la *Gazette de Florence*, et jugez de sa stupeur lorsqu'il lut l'article suivant :

« Un Anglais millionnaire, sir John Lewing, vient d'envoyer à la caisse de *Buon Governo* la somme de 100,000 écus, qu'il destine à l'entretien de la grande route de Sienne à Riccorsi. Cette noble générosité britannique trouvera de la reconnaissance chez tous les Toscans ; les voyageurs béniront, à chaque pas, le nom de John Lewing. Ce nom sera gravé sur une borne milliaire, au bas de la côte de Sienne, entre la Louve et le Griffon, armes de la cité. »

John Lewing ressemblait à un homme qui sort d'un rêve : il avait beaucoup de bon sens, folie à part. Il se mit à réfléchir froidement et récapitula son histoire; il passa en revue les trois jeunes Français railleurs de la table d'hôte de Florence, et ce pâtre Perugino, qui avait un si singulier langage, et ce jeune Montoni, si fièrement délabré, et toute la fantasmagorie du château. Puis, se levant avec calme, comme un homme qui a pris son parti, il demanda une plume et du papier, et écrivit à la *Gazette* le billet suivant:

« Je viens de me convaincre que les 100,000 écus que j'ai donnés seront insuffisants pour l'entretien de la route de

Sienne; j'ajoute une somme égale à la première, qui est à la disposition du gouvernement, chez mon banquier Filippo Boggi, place du *Marché-Neuf*, à Florence.

« John Lewing. »

Le lendemain il fit un auto-da-fé des romans d'Anne Radcliffe.

BONHEUR D'UN MILLIONNAIRE.

Bonheur d'un Millionnaire.

Sur la route de Bethfort, quand vous avez dépassé le pont d'*Hihgate*, jeté sur la grande route de Londres, vous apercevez une charmante maison de campagne qui appartient à un coutelier de Birmingham, retiré des affaires. Ce riche industriel se nomme William comme tous les

Anglais, et Shoffield comme quelques-uns. Il a vendu, pendant trente années, tant de couteaux à l'univers, qu'il a fait une fortune immense et honnête; sur chaque couteau vendu, il gagnait net le manche; sa réputation n'avait pas d'égale dans *Providence-Buildings*. Le jour où son caissier lui démontra qu'il avait quinze mille livres sterling de revenu, il quitta ses couteaux et se fit bourgeois; son intention était de jouir de la vie. Il prit un abonnement au *Sun* pour lire seulement la quatrième page des annonces, comme font tous les Anglais, ce qui les rend si forts en politique. Avec l'indication quotidienne du *Sun*, il acheta quelques domaines dans le comté de Kent, afin de se rapprocher de Londres, où il comptait finir ses jours au sein des plaisirs.

Au printemps de 1854, Shoffield s'installa dans cette maison de campagne, près d'*Hihgate*, et prit deux domestiques ornés de galons jaunes et de gants bleus. Milne, le fameux carrossier d'*Edgar-Rood*, lui vendit une berline, trois chevaux et un cocher noir, émancipé depuis l'abolition de la traite. Chaque jour la diligence de Bethfort jetait à sa porte un saumon frais et un homard de la poissonnerie d'*Adelphi*. Shoffield fut heureux quinze jours comme un dieu païen.

Au commencement de la seconde quinzaine, comme il prenait son couteau pour découper du saumon, il soupira et lança un regard mélancolique au nord de l'Angleterre. Son domestique crut que Shoffield se plaignait, en pantomime, de la malpropreté du couteau, et lui en offrit une douzaine sur une assiette. Shoffield donna un violent coup de poing à l'assiette, qui vola en éclats avec les couteaux. Le domestique donna sa démission sur-le-champ; le domestique anglais est très fier, parce qu'il est né libre et qu'il porte des gants.

— Dieu me damne! dit Shoffield, je crains d'avoir le *spleen!* Je ne croyais pas qu'il fût si difficile de ne rien faire; j'étais si heureux dans mon atelier de *Providence-Buildings!* Allons demander un conseil à M. Kemble, mon voisin.

M. Kemble est le fils du célèbre acteur de ce nom; il est de plus directeur de *Quarterly Review.* C'est un homme de trente-quatre ans, grave comme sa revue, relié en gris, avec un gilet à petite marge. Shoffield avait fabriqué pour Kemble le père une collection de poignards innocents destinés aux rôles d'Hamlet et de Macbeth; c'est ainsi qu'il avait connu le fils.

M. Kemble le fils méditait, dans une serre chaude, un article contre les Birmains, lorsque son domestique lui annonça le voisin Shoffield. La conversation commença comme à l'ordinaire entre Anglais. Shoffield s'assit, regarda Kemble, Kemble regarda Shoffield, et cet échange de regards dura une demi-heure. Silence des deux parts. Cet état de choses aurait pu se prolonger jusqu'au soir, si Kemble n'avait eu à corriger une épreuve d'un article sur la critique des œuvres de Tapis-Koï, mandarin lettré qui florissait 5387 ans avant notre ère vulgaire. Il n'y avait donc pas cinq minutes de plus à perdre. M. Kemble fit un *ah!* A ce *ah!* Shoffield se leva de l'air consterné d'un homme qui craint d'être importun, et il saluait déjà pour prendre congé, lorsque M. Kemble le retint.

— Monsieur Shoffield, dit-il sans desserrer les dents, vous aviez sans doute quelque chose à me dire? Vous pouvez parler.

—Oui, monsieur Kemble, oui, je veux que vous me donniez un conseil, vous qui êtes si savant.

M. Kemble resta imperturbable devant l'éloge.

— Voyons, dit-il, quel conseil?

— Je veux que vous m'indiquiez un moyen de tuer le temps avec plaisir; depuis que j'ai quitté la fabrication, je m'ennuie à mourir. Que faut-il que je fasse?

— Eh bien! abonnez-vous à ma Revue, monsieur Shoffield.

— Oui, c'est quelque chose; je m'abonne pour un an. Combien de fois paraît-elle par an?

— Quatre fois; un volume par saison; mais un volume compact, quatre cent cinquante pages.

— Monsieur Kemble, il me semble que c'est bien peu pour passer trois mois.

— Eh bien! achetez la collection depuis 1827; vous aurez une quarantaine de tomes à lire, et cela vous donne de l'avance pour dix ans.

— Très bien; je prends la collection. Dites-moi une autre chose maintenant, monsieur Kemble: donnez-moi une liste des plaisirs qu'on peut prendre à Londres avec de l'argent.

— Les plaisirs honnêtes, n'est-ce pas?

— Oh! je n'en veux pas d'autres.

— Des plaisirs honnêtes, il n'y en a point.

— Cherchez bien, monsieur Kemble.

— Vous pouvez aller au *Gran-Cigar-Divan!*

— Qu'y fait-on à ce divan?

— On y lit ma Revue, et il y a un orgue de Barbarie qui joue le *Coral* de Luther pendant que vous lisez.

— Cela ne me paraît pas très amusant, monsieur Kemble.

— Vous pouvez essayer.

— J'essaierai... Après, vous ne découvrez pas quelque petite chose encore?

— Vous pouvez vous promener dans le Strand, depuis *Temple-Bar* jusqu'à *Humgherford-Market.*

— Et après?

—Après, vous remontez d'*Humgherford-Market* à *Temple-Bar.*

— Cela n'est pas très coûteux?

— Un shilling en omnibus; à pied, rien.

— Voilà tout, monsieur Kemble?

—Vous pouvez aussi peser le brouillard avec un *démomètre* que j'ai inventé. C'est assez amusant. Ces diverses distractions peuvent vous conduire doucement jusqu'à la fin de vos jours. Quel âge avez-vous, monsieur Shoffield?

— Cinquante-huit ans.

— Hâtez-vous donc de jouir de votre fortune; hâtez-vous... Demain, sans faute, je vous enverrai, par mon domestique, la collection de ma Revue. Voulez-vous deux collections?

— Soit; ce sera un plaisir de plus.

— Je vous recommande surtout un article, qui est divisé en sept volumes, sur le défrichement de l'intérieur de la Nouvelle-Hollande. Les quatre premiers fragments d'article sont consacrés à prouver que, pour assainir l'intérieur de cette grande île, on doit couper radicalement une vaste forêt qui se trouve au sud. Les trois derniers fragments sont consacrés à pulvériser un savant de Botany-Bay, qui m'avait adressé une lettre pour me prouver qu'il n'y avait pas de forêt dans le sud, attendu qu'il n'y a pas un seul arbre sur tout le sol de la Nouvelle-Hollande. Vous lirez dans le prochain numéro mon huitième article, qui démontre victorieusement que cette forêt est obligée d'exister et qu'elle est marécageuse. Nous verrons ce que répondra le savant de là-bas, courrier par courrier, dans deux ans. Vous ne sauriez croire combien ces vives discussions donnent du charme à la vie; tout le secret d'être heureux est là.

—Vous me comblez de joie, dit Shoffield en s'inclinant; permettez-moi de vous serrer la main. Adieu, monsieur; envoyez-moi les deux collections ce soir.

Et il prit congé de M. Kemble.

Le soir même, un domestique blanc, attelé à un chariot, apporta un ballot de *Quarterly Review* à la maison de Shoffield. Il y avait trois collections. L'honnête coutelier se précipita, tête première, dans cet océan de bonheur broché; il coupa le premier tome venu, se coucha sur les collections éparses comme sur un matelas, et lut l'analyse d'un discours prêché par un missionnaire protestant sous un palmier de l'île d'Owhyhee, aux fils des sauvages qui avaient assassiné le capitaine Cook. Ce discours n'avait pas été parlé, attendu que les sauvages ne comprenaient pas le prédicateur, et que le prédicateur ne comprenait pas les sauvages. Le missionnaire s'était exprimé par signes; la pantomime avait duré trois heures : les sauvages s'étaient endormis. Le coutelier Shoffield s'endormit aussi, comme un vrai sauvage de Birmingham.

A l'aurore il se leva, et jeta un coup-d'œil fort triste sur son lit d'articles. Sa tête était lourde; il sortit pour respirer l'air des champs; il avala une vingtaine de nuages passés à l'état de brouillard, et cet émétique aérien le soulagea beaucoup. Il était léger comme un aérostat, et il se balançait mollement à la brise du matin. Ensuite il prit du thé pour dissoudre les nuages avalés, et l'équilibre fut rétabli.

— Je suis assez heureux, dit-il en se souriant, et il s'embrassa.

Comme il sortait de ses bras, on lui remit un billet de son domestique démissionnaire, lequel se nommait John, comme tous les domestiques anglais.

Ce billet était ainsi conçu :

« Si vous étiez un *gentleman*, on pourrait subir vos caprices de mauvaise humeur ; mais vous n'êtes qu'un mauvais coutelier de bourg-pourri, et vous êtes mon égal. Je vous attends, les poings fermés, sous le pont d'Hihgate ; j'ai un témoin et trois parieurs ; amenez les vôtres, si vous en avez. « JOHN. »

Ce billet fut comme un coup de poing vigoureusement asséné sur la tête de Shoffield. Il chercha long-temps une pensée dans le désert de son cerveau ; il regarda le brouillard, il ôta ses gants, il les remit, il déboutonna la moitié de son gilet, il fit le tour d'un sapin, il mit le pouce et l'index de sa main droite en forme de V, pour étançonner son menton; enfin il poussa un long soupir, comme la préface inarticulée du monologue qu'il allait s'adresser.

— Comment! se dit-il., voilà deux jours à peine que je suis heureux, et un domestique veut m'assommer, sous prétexte que je ne suis pas gentleman! Allons nous mettre sous la protection de la loi.

Il demanda son cocher et ses chevaux. Le jardinier lui dit que tous ses domestiques avaient suivi John, et qu'ils avaient affiché une proclamation à Hihgate, à Hampstead, à Cricklewood, dans laquelle ils menaçaient de la colère du redoutable John tout citoyen des comtés de Kent et de Middlesex qui prendrait du service dans la maison du coutelier de Birmingham.

— Mon Dieu! s'écria Shoffield, et la syllabe suivante se cristallisa sur sa lèvre.

Le jardinier ratissait une allée, et ne disait plus rien.

Le malheureux coutelier s'enfonça dans son labyrinthe pour demander un conseil aux arbres. Il s'arrêtait à chaque pas ; il flétrissait une touffe de gazon sous la pointe du pied ; il mâchait des feuilles de tilleul ; il disait : *my God !* il prenait une prise de tabac dans sa boîte vide ; il se posait devant un arbre dans l'attitude d'un boxeur ; il tirait sa montre, et regardait l'heure à l'antipode du cadran ; il était enfin aussi agité que s'il avait eu, sous son épiderme, des nerfs français ou italiens.

Cependant il fallait prendre une détermination.

Shoffield, menacé dans sa vie et sa propriété, n'hésita pas ; il prit sur un arbrisseau le justaucorps de son jardinier, s'en revêtit, et, laissant sa campagne à l'abandon, il se jeta furtivement sur la route de Londres, à pied, et armé de son dernier couteau. Comme il passait sur le pont d'Hihgate, il eut un frisson dévorant; à soixante toises au-dessous du niveau de ses pieds, tout là-bas, au fond d'un ravin et sur un lit de chardons en fleurs, il aperçut John qui faisait une répétition du duel avec ses parieurs : l'un d'eux pariait une *couronne* que Shoffield ne viendrait pas.

— Il a gagné, dit tout bas le coutelier, et il s'éloigna rapidement en secouant la poussière de ses souliers.

Haletant et saisi d'effroi, il ne s'arrêta, pour respirer, qu'au cabaret d'Hampstead, où il demanda une pinte de porter. Comme il inclinait ses lèvres sur le vase de faux argent, il aperçut John qui s'avançait à la tête de sa troupe, et qui agitait vers le ciel ses poings fermés. Le porter bondit en cascade des lèvres du coutelier. Dans l'exaltation de son trouble, Shoffield s'élança sur la place en criant : *Que Dieu sauve le roi!* Le laid garçon, à cheveux rouges, qui dessert l'établissement, changea de couleur, moins les cheveux.

On sait que sur le plateau verdoyant d'Hampstead stationnent quelques centaines d'ânes anglais, sellés et bridés pour les promenades au cottage de Cricklewood. C'est le Montmorency de Londres. Au milieu du plateau, les âniers ont creusé un lac, que la pluie est chargée d'entretenir ; c'est là que les lakistes de Londres viennent méditer en famille et pleurer sur le cœur humain.

Shoffield s'élança sur le premier âne qui lui tomba sous la main, et, le piquant avec son couteau, en guise d'éperon, il enfila l'interminable rue qui tombe au cœur de Londres, et qu'on nomme *Totennham-Rood.* Le garçon du cabaret d'Hampstead se jeta pareillement sur un âne à la poursuite de son porter non payé; John et ses pariéurs achevèrent de composer une cavalerie au petit pied, et se ruèrent aussi sur les vestiges du coutelier fugitif.

Devant *Wellington-Seminary*, un *policeman*, voyant passer devant lui, au galop, un homme pâle, armé d'un couteau sanglant, croisa baguette sous le poitrail de l'âne; l'animal renversa l'homme de loi sur le pavé, et toute la cavalerie d'Hampstead le piétina. Shoffield se regarda, dès ce moment, comme le plus grand criminel de Londres, et il se vit pendu à Tyburn.

Dans l'ardeur de la fuite, il était pourtant arrivé devant l'escalier gluant et glissant d'*Humgherford-Market*. Là, son âne prudent s'arrêta tout court. Shoffield sauta par-dessus la tête de l'animal, descendit les marches quatre à quatre, atteignit au bas la Tamise, et courut se cacher dans la cale d'un paquebot.

Là, il aurait cru pouvoir braver la cavalerie d'Hampstead, s'il n'eût craint que ses ennemis ne fussent devenus fantassins. Cependant il recommanda son âme à Luther.

Le paquebot descendit la Tamise jusqu'à London-Bridge. Shoffield ne monta sur le pont qu'à la voix du capitaine, qui appelait les passagers. On s'était arrêté devant la Tour. Le coutelier de Birmingham crut entendre, derrière lui, sur la Tamise, le retentissement quadrupède de la cavalerie d'Hampstead; il se hâta de sauter sur la rive, et se souvenant qu'il avait un ami dans la coutellerie au coin *West* de *Hart-Street*, dans la Cité, il se réfugia chez lui. Décidément il se croyait un grand coupable. En entrant au salon de son ami, il tourna le dos au miroir, pour ne pas voir un criminel.

Les deux jours passés dans ce lieu d'asile furent employés à préparer une émigration. Shoffield prit un passeport sous un nom supposé, qu'il paya cent livres au commis de l'*Alien-Office* qui délivre ces sortes de passeports; il se munit d'une lettre de crédit indéterminé, et fut s'embarquer à Southampton, pour Livourne, sur le navire *Bull*, capitaine Cox.

Shoffield avait besoin de repos. Il fit ce long voyage en dormant; il ne se réveillait en sursaut que devant le fantôme de John, ou à l'odeur du dîner. C'est ainsi qu'il charma les ennuis de la traversée. Un jour le capitaine Cox lui dit :

— Quel est ce M. John dont vous parlez toujours en dormant?..

Shoffield pâlit et s'écria :

— Je me suis dénoncé!

Il recommanda son âme à Mélanchton et s'évanouit. Le capitaine Cox dit à son lieutenant : « Ce passager doit être un grand scélérat. » Le lieutenant partagea cette opinion. Lorsque Shoffield reprit ses sens, il reconnut qu'il était devenu un objet d'horreur pour tous les passagers du *Bull*. A table, on le regardait de travers.

Enfin le *Bull* jeta l'ancre devant le lazaret de Livourne. Shoffield ne resta dans cette ville que le temps nécessaire pour prendre sa place sur le paquebot de Naples, *le Pharamond*. Il s'applaudit de quitter un navire sur lequel il n'avait recueilli que le mépris et l'exécration, à cause de ses indiscrétions de sommeil. Sa réputation était encore vierge à bord du *Pharamond*; il résolut de ne dormir que la bouche barrée étroitement par un foulard, afin de fermer toute issue aux monologues des rêves. Une nouvelle existence commençait donc pour lui; il entrait dans un monde inconnu. John, le garçon d'Hampstead, le *policeman* de *Totennham-Rood* étaient dans une autre planète; il voyait luire l'horizon du bonheur.

Shoffield avait toute la candeur d'un coutelier de Birmingham. Il était fort versé dans la trempe de l'acier, mais fort ignorant de toutes les autres choses de ce monde. En mettant le pied sur le paquebot, il se crut entouré d'Italiens, et son seul embarras du moment était de ne pas pouvoir s'exprimer dans la langue du pays. Au reste, se dit-il, cela m'est égal; je ne suis pas très causeur de mon naturel; j'apprendrai l'italien pour les nécessités de la vie; j'oublierai l'anglais avec les Napolitains. Shoffield se persuadait ensuite, dans un raisonnement mental, qu'il ne devait pas y avoir d'Anglais à Naples, puisqu'il n'y avait pas de Napolitains à Birmingham.

Cent soixante passagers de tout âge et de tout sexe garnissaient le pont du paquebot. Ils étaient tous silencieux; les femmes surtout étaient silencieuses des pieds à la tête; c'était un spectacle imposant. Comme tous ces gens-là ont l'air italien! remarqua tout bas le coutelier Shoffield.

Ils étaient tous Anglais.

La famille Turnpike faisait espalier sur toute la longueur de la dunette à tribord. Elle se composait de seize personnes et de deux berlines. Le père, à force de vendre des schalls en concurrence avec Everington, à *Ludgate-Street*, avait conquis une de ces fortunes qui ruinent à jamais le bonheur d'un sot. On lui avait conseillé un voyage en Italie, et il voyageait depuis deux ans et demi, en famille, pour échapper à ce dôme d'ennui anglais qui se détache de la croix de Saint-Paul et tombe d'aplomb sur *Ludgate-Street* et sur toute la Cité. M. Turnpike portait un habit noir de la plus belle étoffe, un patalon étroit même nuance, des bas de soie à jour, des escarpins au vernis, et un immense gilet écarlate à fleurs d'or, brochant sur le tout : sa mise respirait le million d'une lieue. Il portait en outre, au col de sa femme, cinquante mille francs, passés à l'état de diamants, sous l'habile main d'Hamlet, ce roi des joailliers, qui pourrait acheter le Danemark et un fantôme.

Autour de lui, Turnpike avait semé douze enfants également blonds, frais et beaux, mais d'un blond, d'une fraîcheur et d'une beauté stupides. Ces enfants étaient enchâssés entre deux servantes, au visage mâle et au voile vert.

Un faisceau d'ombrelles marquait la frontière entre les diverses familles. Au dernier membre des Turnpike commençait la collection des Dulwich, forte de vingt-trois personnes, dont neuf domestiques de tout galon. M. Dulwich était un tory de Chester, qui avait fui son vieux château, bâti sur les rives de la Mersey, parce que le comité whig du comté de Lancastre avait fait imprimer des affiches bleues de trente pieds de haut contre sir Robert Peel. Un médecin avait ordonné à M. Dulwich un voyage en Italie, comme le seul remède à un si grand malheur.

La famille Baxton se déroulait ensuite sur une étendue semi-circulaire de cinq toises. Baxton n'avait pu supporter la candidature de Chandos, dans le Middlesex. Un matin, comme il se promenait dans *Bridge-Street,* à Uxbridge, il recula six pas devant une affiche rouge qui engageait les électeurs à voter pour Chandos. *Allez à Chandos,* disait l'affiche; le GO invitatif avait été taillé dans un tronc d'arbre haut de huit pieds. A moins de l'avoir vu, on ne peut se figurer l'effrayante physionomie du G, que le graveur avait dentelé intérieurement; c'était comme la gueule immense d'une baleine. Baxton se crut avalé par ce G monstrueux, et il prit la fuite, comme s'il eût craint d'être poursuivi. Malheureusement le *Comitee-Room* des tories avait fait tirer le formidable GO en autant d'exemplaires qu'il y a d'angles de rue à Uxbridge; le timide Baxton retrouvait partout la gueule dévorante et les dents du cétacée typographique. La fièvre le saisit, il se mit au lit, et fit des rêves affreux; il croyait habiter une ville peuplée de G qui se promenaient en faisant craquer leurs mâchoires, tantôt liant la supérieure à l'inférieure, pour ressembler à des O, tantôt reprenant leur état naturel de G avec un air de menace à faire frémir. Lorsque sa convalescence arriva, sa famille défendit expressément à tout visiteur de se courber en saluant Baxton, de peur de ressembler à des G. A force de soins ont rendit la santé à Baxton et la faculté lui prescrivit un voyage, en Italie, de trois ans.

Cinq à six millionnaires arrivés au dernier degré du *spleen*, s'étalaient à babord; leurs femmes lisaient *Child-Harold* dans les berlines et s'endormaient après chaque stance. Un groupe de valets de pied, mélancoliquement posés devant le cabestan, avaient l'air de regarder quelque chose, mais ne regardaient rien.

Ainsi voguait le beau, l'agile *Pharamond* sur la côte de la riante Italie, avec son chargement d'élégies vivantes des deux sexes, venues de tous les comtés d'Angleterre pour acheter, au prix d'un million, une étincelle de gaieté.

Shoffield s'assit sur un pliant, ramassa un morceau de bois et le déchiqueta avec son couteau. Les valets de pied quittèrent le cabestan et entourèrent Shoffield pour contempler son travail.

Quelquefois un atome de poussière tombait sur la manche d'un Anglais; alors trois valets, armés de brosses et d'eau de verveine, rétablissaient la manche dans son état naturel.

La nuit surprit les voyageurs dans ces charmantes occupations. Insensiblement le pont fut abandonné; chaque famille descendit à sa chambre. On dormit en silence; à les entendre dormir, on aurait cru qu'ils veillaient.

Shoffield fut réveillé à l'aube par un rincement de bouche exécuté par quarante Anglais; la chambre commune était envahie; tous les passagers avaient ouvert leurs nécessaires de voyage et procédaient à leur toilette. Malgré les oscillations d'un roulis violent, les Anglais se rasaient avec gravité devant des miroirs agités qui ne réfléchissaient que leur ventre. Deux heures furent ainsi employées à exterminer une barbe absente; deux autres heures à équarrir les ongles, et deux encore à se débattre avec dix doigts boursoufflés contre des gants maigres. Le quart du jour consommé de cette manière, ils montèrent sur le pont et saluèrent les dames avec les yeux. Les dames prenaient nonchalamment du thé, avec une infusion de beurre de Pise cuit au soleil; Ugolin n'en aurait pas voulu dans sa tour. Un Anglais, excité par ce régal, desserra les dents tout juste pour laisser passer le monosyllabe *tea*, qu'on prononce *ti* pour contrecarrer les Français. Aussitôt quarante bouches altérées de thé, répétèrent le monosyllabe. Shoffield laissa tomber un gant, il pâlit, et s'écria mentalement: Ils sont tous Anglais! Il fut aussitôt saisi du mal de mer, et s'étendit à plat ventre sur un rouleau de câbles, où son gilet de satin blanc s'imprégna de charmantes arabesques au goudron.

Vingt heures après, la mer s'étant calmée, Shoffield reprit ses sens, et avisant un garçon du bord qui parlait anglais au machiniste, il lui demanda un verre de madère. Le garçon le servit à l'instant, et, craignant d'offenser la dignité d'un Anglais en lui adressant une question, il se contenta de dire en *à parte*:

— Nous serons à Naples dans trois heures.

— A Naples! dit Shoffield, ah!

— Oui, milord, reprit le garçon en versant un second verre de madère.

— C'est une belle ville, Naples, hein?

— Oui, milord.

— C'est ce qu'on m'a dit..... Tous ces messieurs sont Anglais, n'est-ce pas?

— Tous, depuis le plus grand jusqu'au plus petit.

— Ils voyagent pour leur plaisir?

— Pour leur plaisir, pas davantage. Ce sont des millionnaires, comme vous, milord. Ah! des hommes bien heureux, comme vous voyez.

— C'est singulier, ils ne me paraissent pas très heureux.

— Sur le paquebot, c'est possible; ils sont avec leurs femmes et leurs enfants: cela n'amuse pas beaucoup. Mais vous les verrez à Naples; oh! ils vont faire envie à saint Janvier.

— Ce garçon me paraît très éveillé, remarqua mentalement Shoffield, et surtout très poli; je veux me l'attacher.

Cela pensé, il demanda un troisième verre de madère.

— Il paraît que milord le trouve bon, mon madère?

— Excellent..... excellent..... Comment vous appelez-vous?

— Les Français m'appellent Jean, et les Anglais John.

Un froid glacial courut sur le corps du coutelier. Il y eut un temps de repos.

— Milord, vous paraissez souffrir encore. Cependant la mer est très belle; c'est un miroir.

— Ce n'est rien... c'est une suite du mal de mer.... De quel pays êtes-vous, John?

— De Naples.

— Ah! vous êtes Napolitain!.... Et comment vous appelez-vous dans votre pays?

— Micali... C'est bien long pour un nom de domestique. Les Anglais disent qu'il faut économiser le temps. L'an dernier, ils me disaient : *Donnez-moi un peu de thé;* puis ils dirent : *Donnez-moi du thé;* aujourd'hui, ils disent simplement : *Tea;* demain, ils diront : *I;* après-demain, ils ne diront plus rien du tout. Ce sera une grande économie pour eux.

— Moi, je veux t'appeler Micali.

— Il paraît que milord a du temps de reste. Continuez à m'appeler John devant vos compatriotes; ils seraient capables de vous faire une mauvaise réputation de dissipateur.

— Micali, je te prends à mon service; je te donne soixante livres de gages, et je t'assure une pension au bout de dix ans.

— Milord n'a donc point de domestique?

— Non; j'ai tout laissé à Londres...... J'étais impatient de voir l'Italie, la belle Italie.

— Il paraît, milord, que vous êtes très enthousiaste de mon pays?

— Oh! oui, Micali, très enthousiaste, très enthousiaste.

— Alors j'accepte vos propositions; en débarquant, je suis à vous.

— Bien, Micali.... Voyons, que me montreras-tu de beau à Naples?

— Tout ce que vous voudrez.... Tenez, je puis déjà vous montrer quelque chose...... Regardez là-bas, sur la poulène; voilà le Vésuve !

— Ah! ce fameux Vésuve!... Oui, c'est bien lui; je l'ai sur un mouchoir de poche de Dublin.

— *Il Vesuvio,* en italien.... Milord, vous serez heureux comme un roi.

— Micali, où te retrouverai-je à Naples?

— Je vous conseille de descendre à l'hôtel *della Vittoria,* à Chiaïa. Vous demanderez M. Martin; c'est le maître, le *landlord.*

— C'est un Anglais?

— Oui, c'est un Anglais pour les Anglais; mais, entre nous, c'est un Français. Voilà son adresse sur une carte; vous ne pouvez pas vous tromper.

Le *Pharamond* entrait en rade. Huit heures sonnaient aux trois cents églises de Naples. Le Vésuve au repos fumait avec nonchalance, comme un lazzarone qui a chargé sa pipe et qui s'étend au soleil. Les fanfares matinales sonnaient au château de l'OEuf; le Pausilippe riait à la mer; des vapeurs roses couraient sur la ligne pure des collines d'Aversa, de Caserte, de Capoue. Il y avait dans l'air cette somme inépuisable de volupté que répandent sur ce golfe les deux plus charmantes choses qui soient au monde, Naples et le printemps.

Les Anglais brossaient leurs habits et changeaient de gants; les Anglaises se distribuaient les ombrelles; les valets regardaient un bataillon de soldats qui prenait des bains de pieds devant le palais de la reine Jeanne. Shoffield cherchait son passeport.

Tous les passagers étaient descendus;

Shoffield seul était encore à bord, et gardé à vue par trois estafiers. Il ne trouvait pas son passeport, et il avait oublié son nom. Toutes les fois qu'on lui demandait : Comment vous appelez-vous ? il montrait son portefeuille énorme, qui contenait sa correspondance avec tous les couteliers de l'univers, et il invitait les sbires à l'aider dans ses recherches. Enfin, il découvrit le précieux papier au fond d'une poche secrète : Shoffield apprit qu'il se nommait Morfield.

Tous les appartements avaient été envahis à l'hôtel *della Vittoria*; les Turnpike, les Dulwich et les Baxton coulaient à flots, comme une Tamise vivante, dans les corridors; d'anciens voyageurs de la même nation, domiciliés depuis long-temps dans l'auberge, contemplaient gravement l'invasion compatriote, et demandaient du thé comme de vieux propriétaires inexpugnables; lorsque Shoffield se présenta sans domestiques, sans berline, sans famille, on lui dit qu'il ne restait plus qu'une chambre sans lit.

— Je dormirai sur un fauteuil, répondit le coutelier.

Et il entra dans la salle à manger. On lisait sur la porte : *Diningroom*.

Il prit une carte et lut :

> *Ox-tail soup*
> *Fish of every sort*
> *Meat pies*
> *Rump-steack.....*

— Comme à Birmingham, dit Shoffield stupéfait..... C'est bien singulier! A Birmingham, on ne trouverait pas une syllabe italienne dans toute la ville, et Birmingham, ma foi, est dix fois plus beau que Naples, qui me paraît bien laid, et bien sale surtout. Il faut que les Anglais s'amusent bien dans ce pays, pour avoir ainsi la rage d'y venir. Naples m'a l'air d'avoir été bâti exprès pour les Anglais.

En ce moment son nouveau domestique, Micali, arriva.

Shoffield lui tendit cordialement la main et le fit asseoir. Micali s'assit sans façon.

— Je n'ai trouvé qu'une chambre, dit Shoffield, dans cet hôtel...

— Soyez tranquille et déjeûnez, je vous logerai mieux. Ne vous inquiétez de rien. Comment trouvez-vous ce potage à la tortue?

— Aussi bon qu'à *Swan-Inn* à Birmingham. Les Napolitains doivent beaucoup aimer ce potage?

— Les Napolitains le trouveraient exécrable; c'est une soupe de lave; ils croiraient manger le Vésuve en bol. On ne fait cela ici que pour les Anglais.

— La carte est tout anglaise; regarde...

— La carte! dites-vous! eh! toute l'Italie est aujourd'hui une botte anglaise; l'Italie est bien plus anglaise que l'Angleterre. A Rome, tout le monde est Anglais, excepté le pape. Me permettez-vous de vous interroger, milord?

— Oui, oui, ne te gêne pas, interroge...

— C'est sans doute pour votre plaisir que vous venez à Naples?

— Certainement, comme tous les autres. Je suis riche, je veux être heureux, je veux jouir.

— Vous n'étiez pas heureux en Angleterre?

— J'étais comme tous les autres.

— Que faisiez-vous?

— Je montais à cheval, je me promenais, je mangeais du saumon, je plantais des arbres; je lisais la *Revue* de M. Kemble, j'achetais des paires de gants; que veux-tu qu'on fasse quand on est riche et oisif?

— C'est juste... et alors vous êtes venu en Italie pour...

— Pour faire comme les autres. Les Anglais doivent s'amuser beaucoup ici, puisqu'ils y sont tous.

— Vous verrez. Comptez-vous rester long-temps en Italie?

— Je ne sais pas. Les Anglais y restent-ils long-temps ordinairement?

— Les lords et les membres de la chambre des communes y séjournent pendant les vacances du parlement. Les riches Anglais qui n'ont pas de fonctions publiques passent leur vie à se promener de Naples à Venise : ordinairement ils meurent à Florence. Dans les cimetières de Florence, il n'y a plus que des ossemens anglais. Il faut vous dire qu'à Florence on meurt très agréablement.

— Ce que tu me dis me fait déjà présumer que le comfortable italien est supérieur au nôtre. Les rues italiennes doivent avoir de plus beaux trottoirs, de plus beaux pavés, de plus beau gaz que chez nous...

— Écoutez, milord, je connais très bien l'Angleterre, mais je ne connais pas encore les Anglais. Excusez-moi pour eux. Les Anglais se bâtissent des maisons fort commodes; il les doublent de tapis, ils les ornent de meubles à coins ronds; ils se font des rues admirables, bien larges et tirées au cordeau; ils suppriment la nuit avec le gaz; ils se donnent des pavés de velours; et quand ils sont parvenus à se faire une vie bien douce au dedans et au dehors, ils s'enferment dans une chaise de poste, et vont vivre dans des pays où l'on ne sent que des aiguilles sous les pieds et des angles aux coudes. Expliquez-moi cela, milord, vous qui êtes Anglais?

— Moi, je ne puis rien t'expliquer, Micali; je te dirai franchement que je ne sais rien; je ne suis pas lord, je ne suis pas noble, je ne suis pas savant; je suis un malheureux industriel qui ai travaillé quarante ans pour faire fortune, et qui cherche un peu de bonheur avec mon argent. J'ai cinquante-huit ans; à quinze ans je faisais des manches de couteau, depuis cinq heures du matin jusqu'à dix heures du soir; je vivais avec des patates et de l'ale; le dimanche je lisais la Bible. L'hiver dernier je menais encore cette vie-là. Que te dirai-je, l'ennui s'est emparé de moi. J'ai voulu me presser de jouir un peu avant de mourir. Veux-tu m'aider à chercher quelque chose qui me fasse apercevoir que j'existe et que j'ai des millions?

Micali secoua la tête avec un air de compassion mélancolique.

— Ce pauvre homme! dit-il, il a passé les trois quarts de sa vie à faire des couteaux!... Je vous demande, monsieur, si ce Lazzarone demi-nu, qui n'a jamais rien fait, a été plus malheureux que vous. Je crois, moi, que le bonheur ne se trouve que dans une pauvreté robuste qui a toujours une lieue de mer à ses pieds, et un rayon de soleil sur la tête.

— Mon Dieu! s'écria Shoffield, tu parles comme un auteur, Micali!....

— Oh! je me parlais à moi-même.... Il y a là-bas, dans cette île verte, des pêcheurs, propriétaires d'un filet et d'une cabane; la mer et le soleil leur bronzent l'épiderme et leur inoculent une éternelle santé. Ils ont de grandes et belles femmes, dont le sein briserait un corset, ils ont des enfants bruns qui jouent sur l'algue, et vivent dans l'eau avec les petits poissons et les coquillages; ils ont un festin du soir, avec des plats exquis, embaumés et irritants comme ces flots d'où sortit Vénus-

Aphrodite; ils ont des jours et des travaux remplis de chansons; des soirées de gaieté folle sous la treille; des nuits, des nuits!!... Et c'est pour eux que le soleil se lève, que les étoiles brillent, que la mer chante, que les pins s'arrondissent, que l'oranger fleurit! Ces hommes, ces pauvres pêcheurs, ces mendiants de la mer, prenez-en trois au hasard; ils ont consommé plus de bonheur dans leur vie que tous les millionnaires de la Grande-Bretagne, depuis Guillaume, qui est roi, jusques à vous, monsieur, qui êtes coutelier.

Shoffield écoutait, bouche béante, ce domestique philosophe qui lui parlait ainsi.

Micali regardait le golfe par la croisée ouverte, et souriait.

— Je me parlais encore à moi, dit Micali; excusez-moi, monsieur.

— Et toi, Micali, dit Shoffield en riant; es-tu heureux?

— Moi.... J'ai servi quatre maîtres, tout exprès pour les humilier par mon bonheur.

— Des maîtres anglais?

— Tous Anglais et riches comme une mine du Pérou.

— Que sont-ils devenus?

— Je les ai enterrés l'un après l'autre, à Florence, au *Campo-Santo* de *San-Spirito*. Ils se portaient fort bien; ils étaient frais et vigoureux, ils sont morts contre toutes les règles de la médecine, sans raison. Ils avaient la maladie de la vie; c'est ce qui les a tués.

— Micali, je prendrai le *spleen* en t'écoutant. Parlons d'autre chose; sortons, mon déjeûner est fini.... Dis-moi, qu'y a-t-il à voir de curieux à Naples?

— Rien du tout; c'est une ville comme

toutes les villes; il y a des maisons alignées qui font des rues, et des gens qui marchent sans savoir où ils vont. Seulement les rues sont plus laides ici que partout ailleurs. Naples n'est pas à Naples; il faut sortir de la ville pour la voir.

— Eh bien! sortons.

Ils partirent pour Pompeïa.

— Avez-vous jamais entendu parler de Pompeïa? dit Micali à Shoffield, chemin faisant.

— Jamais, répondit le bon coutelier.

— C'est la chose la plus curieuse de l'Italie; qaand vous aurez vu Pompeïa, vous pourrez rentrer à Birmingham.

— Est-ce plus beau que Londres?
— Vous verrez.

A un quart de lieue de la mer ils découvrirent la cité momie.

— Voilà Pompeïa, dit Micali.

— Ah! c'est Pompeïa, cela!... dit Shoffield stupéfait; je crois que j'ai oublié mes gants à l'hôtel.

— Voulez-vos prendre les miens?

— Non, je mettrai mes mains dans mes poches : c'est qu'il me semble que je vois des Anglais là-bas.

— Oui, ce sont vos compagnons du paquebot; ils sont devant la maison de Diomède.

— Ils vont rendre visite à M. Diomède?

— Non, ce Diomède est un Grec-Napolitain, qui vivait dans cette maison, il y a dix-sept cent cinquante-cinq ans.

— Comment savez-vous cela, vous, dans votre état de domestique?

— Nous savons tous cela, ici.

Cependant Shoffield s'était mêlé à la nombreuse société anglaise qui se promenait dans la rue des tombeaux. Les dames étaient en grande tenue de *kings-theatre;* toutes les étoffes d'Everington, toutes les popelines de Dublin, ondulaient mollement sur le pavé de lave, en couvrant les formes anguleuses de ces Anglaises voyageuses, chassées de leur île par la beauté presque universelle des Anglaises qui ne voyagent pas. Les hommes avaient des costumes de *rout;* ils portaient des chapeaux de baronnet, de fin castor, que l'on fabrique si mal dans le *Strand.* Les grooms suivaient avec leurs pliants. Un cicerone disait en italien-napolitain : *Ecco la casa di Diomede, sepolto nella cinere del Vesuvio, ottanta anni doppo Iesu-Cristo.—Ecco un' osteria antica.— Ecco la porta d'Ercolano.— Ecco la botega, o cafe, dove gli Romani pigliavano sorbetti doppo pranzo.—Ecco la casa di Caïus Ceïus.—Ecco la casa di Caïus Sallustus. — Ecco il tempio della Fortuna Augusta.—Il Foro civile.—Il tempio d'Ercole.*

—*Il Teatro tragico.*—*Il tempio d'Esculapio.*—*Ecco, signori, l'Amfiteatro!*

Les Anglais passaient processionnellement devant ces ruines vénérables, avec une admiration muette et concentrée; ils écoutaient le cicerone comme s'ils l'avaient compris; les Anglaises lorgnaient le temple d'Hercule, et disaient : *Very-nice, very-nice;* les plus savantes d'entre elles cherchaient dans lord Byron les vers que le poète a consacrés à l'Italie, et elles trouvaient :

« Reine au sépulcre, maîtresse du mon-
« de, qu'as-tu fait de ta splendeur? Tu es
« couchée dans ton linceuil ! Rome est une
« tête de mort rongée. Hélas! hélas! »

Puis, elles cherchaient autre chose et ne trouvaient plus rien. Le cicerone chassait aux lézards; les Anglais prenaient des poses de méditation, et bâillaient derrière leurs foulards indiens. Le spectacle était aussi triste que le spectateur. Shoffield demandait à Micali pourquoi le *v* d'une inscription antique était un *u* aujourd'hui; cela le préoccupait beaucoup. Micali, les bras croisés, souriait mélancoliquement et ne répondait pas.

Baxton, qui avait appris l'italien à Londres, d'un Français qui ne le savait pas, voulut engager alors une conversation avec le cicerone. L'Anglais prenait une syllabe anglaise au fond de sa poitrine, la hissait péniblement sous sa langue, et la tourmentait pour la forcer à se faire italienne. La syllabe rebelle restait anglaise, par esprit national, et le cicerone ne comprenait pas. Cette conversation ayant été bientôt épuisée, Baxton eut recours aux signes; il tira de sa poche un joli petit marteau portatif, et l'appliqua prudemment, avec un air de tête significatif, sur une colonne d'un temple d'Isis; le cicerone répondit par une affirmation. Alors, l'Anglais mit en lambeaux un socle et un chapiteau tombé : il en offrit aux dames et au reste de la société; on remplit trois foulards de parcelles de Pompeïa, et ils furent confiés aux *grooms*.

Ordinairement ce sont les domestiques anglais qui font collection, par ordre de leurs maîtres, de toutes les briques romaines des monuments en ruines. Les domestiques ont un coffre particulier pour ces reliques : dans le trajet de Pompeïa et d'Herculanum à Naples, ils trouvent le fardeau trop lourd et jettent les lambeaux de briques à la mer. En arrivant à Londres, ils remplissent le coffre vide de briques concassées, qu'on trouve à monceaux, sur le bord de la Tamise, devant le palais des archives de Westminster. Ce sont ces reliques menteuses que les Anglais étalent dans leurs cabinets, avec des étiquettes et des numéros. Les galeries de Londres regorgent de ces débris.

Le temple d'Isis et de Sérapis est toujours maltraité de préférence par le marteau de l'ennui anglais. En voici la raison. Les Anglais ont trouvé une grande ressemblance architecturale entre ce vieux monument tetrastyle, et le grand *club* de Piccadilly; les gros boutiquiers enrichis du *Strand,* de *Flet-Street,* de *Ludgate-Hill,* quand ils passent à Pompeïa, s'imaginent sérieusement que le temple romain a copié le club de Londres, et l'orgueil national satisfait donne à l'architecte grec cet éloge concis *inglish-fashion.* De là, les déprédations de reliques, les vols à main armée commis sur la sainte antiquité.

Ce fut Micali qui communiqua cette réflexion à Shoffield. Malheureusement l'honnête citoyen du grand bourg de Birmingham était arrivé à l'état de pétrification stupide : il voyait des pierres sales, des ruines hideuses, des buissons agités par des lézards, des sépulcres dégoûtants, de petites maisons dévastées; il ne comprenait pas que des hommes sensés s'exposassent au soleil et aux serpens pour voir des masures qui, certes, ne valaient pas le palais de *Grammar-School*, et *Town-Hall* de Birmingham.

— Voilà donc ce qu'il y a de plus curieux en Italie? dit-il à Micali.

— Sans contredit, répondit le domestique savant.

— Eh bien! allons déjeûner.

— Vous ne trouvez rien du tout à admirer ici, n'est-ce pas?

— Que voulez-vous que j'admire? tout cela me rappelle *Old-Church* de Manchester; c'est vieux et noir. Cependant j'aime mieux *Old-Church* parce qu'il y a devant la grille de fer une bonne poissonnerie où l'on trouve à toute heure du *cold-meat* et des homards.

A ces mots, Shoffield poussa le premier éclat de rire de sa vie de voyage. Les échos du temple d'Isis firent, à cet accès bruyant de gaieté, l'honneur de le rouler de ruines en ruines, jusqu'à la nymphée sonore de la maison de Diomède. Les lézards et les couleuvres se dressèrent sur leur queue pour voir passer le fracas de la gaieté britannique. Les Anglais trouvèrent ce rire de très mauvais ton et regardèrent Shoffield de travers.

La journée fut ainsi remplie. On avait visité Pompeïa.

Shoffield, conduit par Micali, suivit toutes les caravanes de ses compatriotes. On visita les temples de Pœstum, *Capo di Monte*, Caserte, Sorrente, Cumes, le lac Lucrin. Shoffield, à la fin du quatrième jour, déclara qu'il était suffisamment instruit. La seule grotte du Chien eut un grand succès. Nos Anglais pardonnèrent ses ruines à l'Italie en faveur de cette merveille. Le cicerone avait conduit trois chiens à demi empoisonnés à l'entrée de la grotte. Les pauvres bêtes eurent des convulsions affreuses; un Anglais les dessina dans leur accès, pour l'album d'une dame. On demanda au cicerone quelle était la cause mystérieuse qui donnait à cette grotte une si grande puissance sur les nerfs des chiens. Le cicerone prit une pose solennelle et dit : *la Solfatara, la Solfatara.* Tout le monde fut satisfait de l'explication.

— Enfin, voilà une journée amusante! dit Shoffield; et il serra cordialement la main de Micali, ce qui scandalisa les autres Anglais.

Tout était vu; il ne restait plus à Naples que la mer, le golfe, le soleil, la gaieté, la musique, les parfums, l'amour, le printemps; plus rien enfin. Chaque jour, un nouveau paquebot versait sur le môle une collection de familles anglaises. Les hôtelleries de Chiaïa et de la place royale avaient deux comtés britanniques dans leurs murs. La rue de Tolède ressemblait au *Strand* et à *Parliament-Street*, quand la foule de midi roule, comme une Tamise vivante, de l'obélisque de *Faringdon-Place*, au palais du duc de Northumberland, se brise à l'angle de *Charing-Cross*, et va faire trembler sur ses arches le pont de Westminster. A Naples, comme à Londres, les Anglais gardent leurs habitudes de rues; ils sont graves, muets, mélancoliques, et tiennent la droite du pavé en marchant.

— Micali, dit Shoffield, puisque c'est ainsi, ce n'est pas la peine de quitter l'Angleterre. A Naples, le bœuf est mauvais; le porter n'est pas du *white-bread;* les lits sont mous; les maisons ne sont pas fermées; la nuit, on n'y voit pas; que viennent faire les Anglais ici? Il y a la grotte du Chien, c'est vrai, mais on pourrait en faire une aussi bonne à *Stafford-Hill*, sur la route de Birmingham; il y a une grotte, un chemin de fer, et beaucoup de chiens. Je t'avouerai cependant, Micali, que je m'ennuie toujours beaucoup..... je m'ennuie à la mort. Il me semble quelquefois que l'air me manque, et que je vais mourir faute de respiration. Que veux-tu? je ne trouve du plaisir à rien. Les jours ici sont d'une longueur qui m'accable; je n'ai pas la force de supporter une heure quand il faut que je la laisse passer pour arriver à un plaisir qu'on m'a promis; et quand l'heure est passée, je ne rencontre pas ce plaisir. Crois-tu, Micali, que tous ces Anglais resteront à Naples? Je crois que la ville serait plus gaie s'ils n'y étaient pas ce sont eux qui jettent de l'ennui partout. Pourquoi ne vont-ils pas mourir à Florence?

— Ils iront à Florence, et ils y mourront, sir Shoffield, n'en doutez pas; mais en ce moment, on leur a promis une éruption du Vésuve, et vous voyez qu'ils l'attendent dans la rue de Tolède. Ils l'attendront long-temps. Regardez le Vésuve; comme il se moque des Anglais! Ce matin Baxton est allé demander à votre ambassadeur si, par son crédit, il ne pouvait pas obtenir une éruption du Vésuve. L'ambassadeur a répondu qu'il y songerait. Personne n'a ri de cela. L'Angleterre n'a-t-elle pas tout pouvoir? Elle déclarera la guerre au volcan, s'il le faut, à cet insolent Vésuve qui se permet de refuser un plaisir à l'Angleterre qui s'ennuie.

— Quant à moi, Micali, je me moque du Vésuve, et je ne veux pas être rôti par le feu de cette montagne, ni englouti par un tremblement de terre. Ces Anglais sont si ennuyés de vivre, qu'ils ne cherchent que plaie et bosse pour passer le temps. Partons, partons.

— Où voulez-vous aller, sir Shoffield?

— Je n'en sais rien.

— Voulez-vous aller à Rome?

— Pour voir encore des pierres noires, des lézards et des Anglais? Non.

— A Florence?

— Non.

— Si vous faisiez un petit voyage en France?

— Non; mon père n'aimait pas les Français.

— C'est juste.

— Mais enfin, où va-t-on quand on est millionnaire, quand on voyage et qu'on veut jouir pour son argent?

— On reste chez soi.

— Mais je t'ai dit l'autre soir, Micali, que je ne puis pas rester chez moi, à cause de John, mon ennemi, qui veut me tuer.

— Il faut alors quitter le comté de Kent, et rentrer à Birmingham.

— John me poursuivra partout..... Et ce *policeman* que j'ai tué ou blessé à *Totennham-Rood*.... Tu vois que je ne puis pas rentrer en Angleterre.

— Il faut bien pourtant que vous habitiez quelque part.

— Je le crois. Mais où?

— Si vous essayiez Naples encore un peu?

— Oh! j'y meurs.

— Vous iriez à la grotte du Chien tous les jours.

— Micali, je voudrais être pauvre; je sens que ma richesse me fait mourir.

— Eh bien! mangez votre fortune.

— Comment?

— Jouez.

— Je n'aime pas le jeu.

— Mariez-vous.

— On n'aime pas les femmes, à cinquante-huit ans.

— Donnez des fêtes.

— Je n'aime pas la société.

— Enfin, quels sont vos goûts?

— J'ai le goût de faire des couteaux; la nuit, je rêve toujours que j'en fabrique.

— Eh bien! faites des couteaux. Prenez une boutique à la rue de Tolède.

— Je crois que le climat n'est pas bon pour la trempe de l'acier.

— Vous fabriquerez de mauvais couteaux. Qu'est-ce que cela vous fait; ce ne sera pas vous qui vous en servirez.

— Veux-tu t'associer avec moi, Micali? Tu ne risqueras pas un shilling.

— Sir Shoffield, je me suis intéressé à vous parce que vous m'avez paru le meilleur Anglais que j'aie vu de ma vie. Un jour, sur le paquebot, je vous ai vu pleurer; c'est la première larme anglaise qui ait coulé sur un paquebot. Dès ce moment, j'ai résolu de vous être utile, si je le pouvais. Aussi, après avoir étudié votre caractère, j'ai compris que vous aviez plus de bonheur que vous ne pouviez en supporter. Il faut en jeter bas quelque peu. Vous êtes né ouvrier, vivez ouvrier, mon ami. Les gants jaunes pèsent plus à votre main que cent livres d'acier. Je veux vous trouver sur la petite rivière du *Sebetto,* ici tout près, une usine; je vous procurerai des ouvriers, je vous louerai une boutique....

— Et tu seras mon associé, s'écria Shoffield au comble de la joie.

— Non, non, c'est impossible, répondit Micali en souriant. Vous serez heureux; vous n'aurez pas besoin de moi.

— Et pourquoi impossible, sir Micali?

Micali souriait toujours et serrait la main de Shoffield.

— Pourquoi impossible? répéta le coutelier.

— Écoutez, sir Shoffield. Vous êtes un honnête homme, un homme candide, un homme discret; vous m'avez confié un secret que vous croyez dangereux; je vais vous rendre confidence pour confidence. Jetez les yeux sur ce passeport, et lisez mon nom.

Shoffield recula comme épouvanté.

— Je suis, poursuivit le faux Micali en souriant avec bonté, je suis le prince P..... M.... Je suis un Russe philosophe, qui ne voyage que pour étudier les Anglais dans leur intérieur. J'ai déjà servi comme domestique dans quatre maisons, et l'Angleterre entendra bientôt parler de moi.

Shoffield ne savait quelle posture prendre pour faire des excuses convenables à son ex-domestique, le prince. Il avait des expressions dans le cœur, mais ne pouvait les traduire en langue humaine. — Ne soyez pas enfant, lui dit le Russe avec affabilité, je suis un homme comme vous, et plus ennuyé que vous, puisque je suis riche et prince. Je veux acheter votre première douzaine de couteaux. Ce soir venez au théâtre de San-Carlo, et demandez la loge du prince P*** M***. Adieu.

Shoffield se couvrit de diamans à sa toilette du soir, et courut à *San-Carlo*. Il n'avait jamais vu d'autre théâtre que le *Royal-Theatre* de *New-Street* à Birmingham ; une petite salle, avec de mauvaises pièces, avec des chanteurs qui parlent et des parleurs qui chantent, avec les tragédies de Sheridan-Knowles, qui est bien Knowles, mais qui n'est pas Sheridan.

Il trouva dans la loge indiquée le prince P*** M*** dans le costume le plus fashionable d'un soir de gala. On jouait *Norma*. Duprez chantait avec la Persiani. La salle retentissait de musique et de voix divines : au dehors, la mer chantait aussi, à l'unisson de l'orchestre et des acteurs. C'était une soirée ravissante pour les cinquième loges, toutes luisantes de tisons qui étaient les yeux de pauvres *dilettanti* napolitains.

Les Anglais prenaient des sorbets dans les loges et jouaient au whist. Les Anglaises lorgnaient la Persiani, et disaient : *Very-nice, very-nice.* Le roi de Naples dormait.

Shoffield regarda les Anglais, écouta un instant le bruit de la musique et du chant, et s'endormit comme le roi.

Le prince P*** M*** écrivait au crayon, sur ses tablettes, les lignes suivantes, qui sont inédites :

« L'apogée de la civilisation matérielle engendre une maladie de l'âme qui tue le corps. Une longue rue tirée au cordeau ; une grande route sablée comme une allée de parc ; un intérieur de maison, où il y a une place prévue pour chaque doigt de la main, sont de belles inventions, sans doute ; malheureusement l'homme n'est pas né pour descendre la vie sur une pente de velours ; ce sont les aspérités qui donnent une douce fièvre à l'existence ; on expire de langueur sur un terrain uni. Le *Spleen* est né dans *Oxford-Street*, entre le gaz et le cordeau.

« J'ai vu beaucoup de millionnaires avares et périssant d'ennui : je ne les ai pas compris d'abord. Il est si aisé, disais-je, d'échanger une guinée contre une distraction ou un plaisir. Ces infortunés millionnaires ont un instinct qui leur dit de ne pas donner un *shilling* à l'homme qu'un *shilling* va lancer au comble du bonheur. L'avarice n'est pas toujours un amour stupide d'une richesse inutile, c'est un profond calcul de méchanceté.

« Les Anglais ont fait plus de mal à l'Italie que Théodoric et Attila : ne pouvant s'en servir comme remède, ils l'ont dépoétisée en haine des artistes qui en jouissent; ils en ont fait une table d'hôte et une écurie à leur *fashion.*

« Que signifient la richesse et la civilisation ? Prenez vingt Napolitains, parmi ceux-là qui trépignent à *Casta Diva* de Persiani; conduisez-les à Londres et dites-leur : Voilà le palais du duc de Northumberland, à *Charing-Cross;* voilà le palais de *Robert Peel,* à *Parliament-Street;* voilà le palais de Wellington, à la grille d'Hyde-Park; voilà le palais du duc de Sunderland, devant Saint-James; voilà *Sommerset-House,* entre le *Strand* et la Tamise. Ces palais sont à vous, et la fortune de leurs maîtres aussi; six mois passés, tous ces mendiants du soleil et de la mer voudraient revenir à leurs lits d'algue, pauvres et nus. »

Huit jours après, on lisait sur l'enseigne d'une boutique, rue de Tolède : *Au Coutelier de Birmingham.*

La plume qui a écrit ces lignes a été taillée avec un canif acheté chez le pauvre millionnaire Shoffield. L'histoire du prince P*** M*** m'a été contée à bord de *la Marie Christine*, paquebot anglais, allant de Marseille à Naples, avec un chargement de *spleen.*

Shoffield est très heureux ; il va tous les dimanches visiter la grotte du Chien.

HISTOIRE D'UNE COLLINE.

I

La grande route.

La diligence de *Golden-Cross*, partie de Londres le 14 juin 1836, avait dépassé le délicieux village de Bucks, sur la route d'Oxford, et s'arrêtait en rase campagne devant un *cottage* isolé. Il était trois heures après-midi.

Le cocher remit le fouet et les rênes au jeune homme qui avait l'honneur d'être assis à côté de lui, sur son siège, quoique ce jeune homme ne fut pas *gentleman*, et quoiqu'il portât des gants de couleur. Cette infraction à la discipline du *coach* n'avait pas été remarquée, parce que le jeune homme ressemblait assez à un gentleman, et que le secret de son humble condition était dissimulé par une figure distinguée, un chapeau *qui capit ille facit*, *water-proof* gris, acheté chez Phythian. D'ailleurs, le cocher connaissait et estimait beaucoup son compagnon de siège; c'est ce qui l'avait décidé à sauter à pieds joints sur une des lois conservatrices de la vieille Angleterre, ce pays de l'égalité pour quiconque a le bonheur d'être riche ou d'avoir des gants blancs.

John Lively, c'était le nom du jeune homme, ne parut pas extrêmement sensible à l'honneur de tenir, par *interim*, le fouet et les rênes, quoiqu'il ne fût pas gentleman. Il laissa flotter le fouet, tendit les rênes machinalement, par distraction, et les chevaux anglais, qui maintenant profitent de la moindre occasion pour faire des équipées, tant ils sont furieux contre les chemins de fer! les chevaux, dis-je, se cabrèrent, et un cri de malédiction s'éleva du *out-side* contre l'usurpateur John Lively, qui tenait le fouet et n'était pas gentleman.

Le cocher, qui buvait un verre de *sherry* dans le cottage, accourut au bruit combiné des chevaux et des voyageurs, et se vit contraint à destituer sir John Lively.

« Tant mieux! dit John Lively, je vais descendre pour boire un verre de *soda-water.* »

Il entra dans le cottage, et demanda du *soda.*

Une jeune dame vint le servir, c'était la maîtresse du logis; une dame de vingt-deux ans, belle, même parmi d'autres Anglaises, et brune contre l'usage du pays; une véritable apparition, comme on n'en rêve que la nuit, quand on ne dort pas: une femme qui aurait pu passer pour idéale, si elle n'eût rayonné de charmes terrestres. Ses cheveux noirs coulaient, comme de l'ébène en fusion, sur des épaules qu'on ne rencontre que sur les gravures des *keepsakes;* elle livrait beaucoup à l'œil avec toute l'insoucieuse ignorance d'une *miss* qui sort de pension. Sa figure rappelait ces types extraordinaires des femmes de Chester, les reines du Lancashire; de grands yeux noirs avec un ciel léger, comme un arc délié fait à l'encre de Chine; un nez désespérant de perfection, et pourtant bien éloigné du modèle grec; des joues dont l'incarnat arrivait, par de merveilleuses dégradations, à la nuance du lys; une bouche en cœur, comme une feuille de rose découpée; et puis un ensemble qui résumait admirablement ces harmonieux détails, et un sourire à dorer de rayons les nuits d'Young. Ajoutons avec l'histoire qu'elle avait une robe de popeline si bien ajustée, qu'elle aurait pu être signée Palmyre. Cette robe sortait pourtant des ateliers de Betty Chelding; elle avait été originairement fort mal faite; mais le corps était si beau qu'il avait corrigé la robe. Ce fut cette femme qui servit pour trois *pences* du *soda-water* à John Lively.

Notre jeune homme buvait le *soda* et tenait ses yeux fixés sur cette Anglaise incroyable; depuis long-temps même il avait fini de boire, et il avait laissé ses yeux où ils étaient: le soir l'eût trouvé dans cette position, si le cocher, qui n'aimait pas les Anglaises, parce qu'il était Irlandais, ne l'eût rappelé à son poste de voyageur. John Lively se laissa remorquer jusqu'à la voiture, et prit un coin de banquette en *out-side*, derrière le siège où un véritable gentleman l'avait remplacé.

Les quatre chevaux, les crinières au vent, se précipitèrent sur la route d'Oxford. John Lively ne remarqua pas les airs de fierté que prenait avec lui le gentleman, il regardait fuir le cottage qui semblait courir à l'horizon vers Bucks, tandis qu'il était emporté, lui, en sens contraire; il se croyait écartelé à quatre chevaux. « Ils vont bien lentement ces chevaux, dit le gentleman. » A cette parole, John Lively tressaillit de pitié, et lança un sourire dédaigneux à son fier remplaçant du siège.

— Vous trouvez que mes chevaux vont lentement, monsieur Copperas, dit le cocher.

— Ils vont toujours lentement les chevaux, répondit M. Copperas ; enfin ils font ce qu'ils peuvent, ces pauvres bêtes ! ils ne sont pas à la vapeur.

— Ils ne font explosion non plus, monsieur Copperas !

— Vous parlez comme un cocher.

— Et vous comme un ingénieur du chemin de fer de Manchester.

— Pas mal ! dit John Lively.

M. Copperas se retourna vers John Lively, haussa les épaules, et se mit à siffler un air qui n'existait pas.

On arrivait, en ce moment, à l'entrée d'un bois, sur le sommet de la montagne d'où l'on découvre l'immense et magnifique plaine du comté d'Oxford. John Lively jeta un dernier coup d'œil sur la cîme des arbres qui s'abaissaient derrière lui, et poussa un long soupir.

Le cocher avait entendu le soupir de Lively, et il en avait pris note : Lively était

Irlandais comme lui ; le cocher attendit l'heure du dîner à Oxford pour lui donner quelques consolations, ainsi que cela doit se faire entre compatriotes, en pays étranger.

A Oxford, la diligence s'arrêta devant *Swann-inn*. M. Copperas descendit du siège, et le cocher, débarrassé d'un voisin importun, dit à Lively : « Ce M. Copperas est bien fier, il vous a fait de la peine? je l'ai compris. »

— Ce voyageur? dit Lively, vous vous êtes trompé, Patrick, je n'ai pas pris garde à lui.

— Ah! c'est un homme bien méchant! encore vingt hommes comme lui, et il n'y a plus un seul cocher en Angleterre. Ils tueront les cochers!

— Ce M. Copperas a tué des cochers?

— Il en a tué cent déjà!

— Cent cochers ! et on ne l'a pas pendu?

—Est-ce qu'on pend quelqu'un maintenant?... Mais descendons, et allons dîner, nous parlerons de cela plus tard.

Le dîner attendait les voyageurs, à l'inverse de France, où les voyageurs attendent le dîner. Le *land-lord,* en habit noir, enrichi de manchettes, découpa une colline de bœuf rôti et fit écumer le porter *Barclay-Perkins* dans tous les verres. John Lively mangea peu, et sortit pour acheter une paire de gants blancs, et rêver à la dame du cottage de Bucks.

On se remit en route pour Birmingham à l'issue du dîner.

—M. Copperas s'arrête à Oxfort, dit le cocher à Lively, vous pouvez vous asseoir sur le siège.

Lively mit ses gants, roula ses cheveux d'un blond de flamme, assujétit fièrement sur sa tête son *qui capit ille facit* de castor fin, et prit le siège d'assaut. Les chevaux exécutèrent un quatuor de hennissements, comme une ouverture de départ, et firent trembler sous leurs bonds la double file de colonnades moresques, espagnoles, gothiques, italiennes, qui bordent la merveilleuse rue d'Oxford.

A toutes les vitres des kiosques et des balcons suspendus aux riantes maisons de cette rue, s'étaient encadrées d'immobiles têtes d'Anglaises qui regardaient passer la voiture; on aurait cru voir, sur un étalage monumental, cent livraisons à l'aquarelle des femmes de Shakespeare et de Byron. Lively feuilleta tout cet album avec ses yeux et se retourna vers le midi en soupirant. Oh! la dame du cottage aurait fait briser de jalousie toutes ces vitres si elle se fût montrée un instant à Oxford!

La diligence entre dans la campagne sur la route de fleurs, de gazon, de pins, de cerisiers qui conduit au charmant village d'*Old-Wostook*. On aperçoit bientôt les hauts massifs d'ombrages qui couronnent le château du Vieux-Wostook, où personne ne se souvient de Cromwell. Soyez Cromwell après cela !

John Lively ne pensait pas à Cromwell. Un fantôme le suivait au vol dans cette route gracieuse où le soleil couchant d'été laissait tomber tant d'amour pour la nuit.

— Vous pensez donc toujours à votre aventure, dit Patrick à Lively ; vous êtes taciturne comme un Anglais, monsieur l'*Irishman !*

— Je regarde la campagne, dit Lively ; elle est assez belle, mais j'aime mieux notre Erinne.

— Ah ! je crois bien ! nous n'en voudrions pas de ce vieux Wostook pour y loger des pourceaux. Avez-vous revu notre Irlande, monsieur Lively, depuis la mort de votre père?

— Non. Qu'irais-je faire en Irlande? Souffrir et voir souffrir.

— Vous avez raison. C'était un bien honnête homme, votre père! Je l'ai conduit cent fois de Liverpool à Birmingham, avant l'invention de ces maudits chemins de fer. Votre père ne doit pas vous avoir laissé grand chose; il était si honnête.

— Il ne m'a rien laissé du tout; moins que rien, une cabane du côté de Strafford, sur la route de Manchester.

— Et c'est là que vous vivez?

— Oui, Patrick, c'est là que je meurs. Le mois dernier encore je travaillais, à Manchester, dans la manufacture de soie de M. Lewis Schwabe; mais il a renvoyé ses ouvriers. Cependant je me trouve plus heureux que nos frères qui se couchent, à jeun, sur le seuil des palais de *Sakville-Street*; je dors, moi, dans une cabane qui m'appartient.

— Vous aviez été chercher du travail à Londres?

— Oui.

— Et vous n'avez rien trouvé?

— Je n'ai passé que deux jours à Londres. Londres m'étouffait. Un verre de wisky et une patate de mon petit jardin, pour tout repas, dans ma cabane, j'aime mieux cela que mon couvert mis dans le palais du duc de Northumberland, à *Charing-Cross*.

— Oui, voilà parler en brave Irlandais!.. Pourtant quand il faut vivre...

— Il n'est pas très nécessaire de vivre.

— Vous n'êtes donc pas marié? vous n'avez point d'enfants?

— Non. Est-ce qu'un Irlandais doit se marier?... je me marierai quand je pourrai faire baptiser mes enfants au son de toutes les cloches de Dublin, dans la belle église de Saint-Patrick.

— Vous mourrez garçon.

— C'est plus facile que de mourir marié.

— Vous n'avez passé que deux jours à Londres, monsieur Lively? vous n'avez donc rien vu?

— J'ai trop vu... j'ai vu la femme avilie, et saint Paul apostat. Le troisième jour, je n'avais plus rien à voir, je suis parti.

— Comment vous ont-ils traité les Anglais que vous avez vu?

— J'étais Irlandais et pauvre.

— Assez.

— Croiriez-vous bien, Patrick, que le premier jour de mon arrivée j'aurais pu me persuader que les Anglais avaient fait une pièce de théâtre contre moi? Écoutez. En arrivant, j'étais descendu à la *Croix-d'Or*, devant l'église de Saint-Martin, autre apostat; je me fis indiquer *Faringdon-Street*, où j'avais une connaissance; on me dit: « C'est bien loin ; prenez le *Strand*, à droite, et marchez deux milles devant vous. » Au bout de *Fleet-Street*, je vis beaucoup de gens qui lisaient de grandes affiches de toutes couleurs. Figurez-vous mon étonnement, lorsqu'en jetant les yeux sur la première de ces affiches, je lus *Théâtre d'Adelphi; grande attraction; première représentation de l'*IRLANDAIS A LONDRES, *farce en un acte.* Un nuage me tomba sur les yeux; je ne vis plus rien; mon cœur se fondit, ma poitrine se brisa. Je marchai au hasard ; je passai devant *Faringdon-Street,* large comme *Sakville*, et je ne le vis pas ; j'entrai dans une rue en face de moi, et je ne sortis de mon rêve que devant Saint-Paul. Ce temple est noir, comme si Dieu l'avait foudroyé; il est entouré d'une ceinture de courtisanes et d'autres femmes folles de leurs corps. Devant cette grande humiliation d'une église catholique, j'oubliai mon humiliation ; je pardonnai à ceux qui avaient outragé Saint-Paul, la *farce* de l'*Irishman in London ;* mais je vis bien qu'il m'était impossible de vivre plus long-temps dans cet air ; et mon départ fut arrêté pour le lendemain. Ce matin, je suis sorti de Londres en secouant la poussière de mes pieds, et je n'y rentrerai plus.

— Oh ! vous y rentrerez, monsieur Lively.

— Oui, quand les Anglais auront inventé le *comfortable* de l'âme, eux qui ont épuisé leur génie à songer au corps.

— Ah ! il faut être juste, monsieur Lively, même envers les Anglais ; voyez s'il est possible de rencontrer une route mieux tenue ; les chevaux même s'en réjouissent ; ils sont heureux de voyager,

Regardez cette rivière charmante qui coule devant ce joli village de Stratford ; regardez ce pont que nous allons passer ; j'aime mieux ce pont que *London-Bridge*; c'est un pont à mettre sous cloche ; un pont si mignon et qui est divisé en trois allées, avec des rampes pour les piétons, et deux trottoirs. Regardez cette route qui descend à Hamley : c'est une allée de jardin, et à droite et à gauche toujours des trottoirs, avec une bordure de fleurs, pour des piétons ; cela console les piétons ; pauvres malheureux ! on leur a mis du velours sous les pieds...

— Et du bronze dans le cœur, Patrick. Et puis, où mène-t-elle cette route ? à Londres, où la prostitution coule sur les trottoirs ; à Birmingham, où l'industrie a égorgé Dieu avec un couteau d'acier.

— Ah ! monsieur Lively, le malheur a aigri votre caractère ; si vous étiez riche vous seriez plus tolérant. On est triste à jeun, et joyeux après dîner. Moi, je suis quelquefois comme vous. Quand le chemin de fer me chassa de la route de Liverpool, je voulus me noyer dans la Mersey. Je ne me noyai pas, et je fis bien. On me donna du service sur la route de Birmingham à Londres, et je vécus.

— Oui, mais l'an prochain, pauvre Patrick, le *rail-way* te chassera de la route de Londres, et tu voudras te noyer dans cette jolie rivière de Stratford que tu admires aujourd'hui. Ce n'est pas sur la route de Birmingham à Manchester qu'on te donnera du service, puisqu'on travaille à l'embranchement; on te chassera de partout. L'industie est une belle chose, mais elle fait vivre le fer et mourir l'homme. Un jour M. Copperas, l'ingénieur, te fera passer un wagon sur le corps.

— Vous avez raison, monsieur Lively...

et ce n'est pas moi que je plains... je plains mes pauvres chevaux, qui seront forcés de quitter cette belle route qu'ils aiment tant! On les enverra à Londres; ils stationneront à *Hay-Market* ou à *Trafalgar-Place;* ils sècheront d'ennui devant un cabriolet *patent-safety;* ou bien, ce qui est pis, ils traîneront un omnibus de *Mansion-House* à *Kensington-Garden.* Oh! les larmes me viennent aux yeux... Je voudrais voir ce M. Copperas roué vif!

— Patrick, souviens-toi que tu es catholique! Tu dois pardonner à M. Copperas.

— Soit! je lui pardonne; mais qu'il ne tombe jamais sous ma main!

Les deux Irlandais cessèrent de parler au tomber du jour. Entre le village d'Hamley et Birmingham, John Lively rompit le silence, et il dit à Patrick:

— Vous arrêtez-vous quelquefois à ce

petit cottage de Bucks, où nous avons pris du *soda-water?*

— Oui, monsieur Lively, quelquefois ; tantôt je m'arrête à *Chepping-Wycombe*, tantôt à *High-Wycombe*, tantôt à *Bucks*.

— Connaissez-vous cette dame qui nous a versé du *soda?*

— Non, c'est la première fois que je la vois ; elle m'a paru très belle, cette dame.

— Ne trouvez-vous pas singulier qu'une femme, si belle et si bien mise, fasse un pareil métier dans un pareil endroit?

— Mais... oui, je le trouve singulier, à présent que vous m'en parlez... Est-ce que vous êtes amoureux de cette dame, monsieur Lively?

— Tais-toi, Patrick ; cette femme m'étonne, voilà tout. Je donnerais les cinq livres qui me restent dans ma bourse pour connaître l'histoire de cette dame.

— Ce serait peut être trop payé.

— Je les donnerais volontiers.

— Eh bien!... je crois pouvoir vous économiser cette dépense... attendez... mon frère est aubergiste au *Lion-Rouge* à Wycombe; les aubergistes savent tout; je le questionnerai demain sur la dame du cottage, et nous saurons tout comme lui.

— Oh! tu me rendras service, Patrick... Oui... vois-tu... ceci se rattache à une autre histoire... un mystère...

— N'allez pas plus loin, monsieur Lively; vous êtes embarrassé, mettez-vous à votre aise... Où logerez-vous à Birmingham?

— A *Hart-Inn*, sur la place du Marché, en face de la statue de Nelson.

— Je vous reverrai dans trois jours.

— Oh! mon cher Patrick, je te serrerai la main de bon cœur.

— Ah! monsieur Lively, ce n'est pas du

soda que vous avez bu, c'est du poison anglais.

John Lively ne répliqua pas.

— Voilà Birmingham, dit Patrick.

Le ciel était pur, et aux clartés sereines de la lune et des étoiles, on pouvait distinguer confusément le palais gothique de *Grammar-Schoott* et les chapitaux aériens de *Town-Hall*, deux merveilles modernes de l'architecture antique. L'immense ville se détachait sur l'horizon du ciel et semblait s'asseoir sur la *Grande-Ourse,* ce fauteuil de sept étoiles, et dormir, à l'air, comme un ouvrier laborieux qui se prépare aux fatigues du lendemain.

II

La cabane de John Lively.

Quatre jours après, John Lively se promenait sur la grande route de Birmingham à Hamley, six heures avant le passage de la diligence de *Golden-Cross*; il espérait ainsi la faire arriver plus tôt, et il ne se trompait pas; pour devancer l'heure d'arrivée d'une voiture, il faut aller au-devant d'elle jusqu'à son mi-chemin.

Le soleil était descendu à ce point de l'horizon où il se laisse regarder en face, et où il semble s'arrêter pour sourire aux impatients qui attendent son coucher. John Lively n'avait que cette montre céleste à consulter, et lui demandait l'heure à chaque instant, comme l'écolier au dernier quart d'ennui qui précède la récréation. John Lively aurait bien voulu faire l'inverse du miracle de Josué, mais il lui fallut se résigner à son impuissance. Tous les bruits qui venaient de la plaine à son oreille se transformaient en roulement de voiture. Cette campagne, qui n'est qu'un haras magnifique où bondissent des chevaux nus, gais et libres, lui envoyait des hennissements lointains qui le faisaient tressaillir : « Le voici, disait-il, je reconnais la voix des chevaux de Patrick ! » Et il brûlait de ses regards la grande route, silencieuse et nue comme un ruban de sable découpé au désert, et jeté capricieusement sur la plus belle verdure du monde.

Enfin le soleil disparut à l'horizon, en léguant quelques rayons au crépuscule éternel des étés du Nord. A l'extrémité du chemin, il y avait des masses d'arbres arrondis comme un arc triomphal de verdure; c'était le point que John Lively dévorait du regard, et qu'il croyait voir luire dans l'ombre, en y lançant la flamme de ses yeux. Un corps noir et informe se détacha de cette voûte d'arbres; un piétinement bien connu, mêlé à des cris d'essieux et de roues, annonça la voiture de Patrick. Lively s'élança au-devant des chevaux; Patrick ne le reconnut pas dans l'obscurité; il vit un homme fou qui courait à un suicide équestre, et il arrêta brusquement ses chevaux, comme sur le bord d'une montagne à pic.

— Avez-vous une place pour moi en ou-

side ? dit Lively d'une voix haletante.

— Ah ! c'est vous, monsieur Lively !... Non, pas une place ! Nous avons deux voyageurs de plus. Il m'est défendu de m'arrêter. Adieu : dans une heure à Birmingham.

Et les chevaux, comprimés quelque temps, bondirent sous les rênes détendues.

— A Birmingham ! dit Lively ; et il allongea le pas sur le grand chemin

« Que va-t-il m'apprendre à Birmingham ? disait Lively, dans un monologue intérieur... A Birmingham ?.. Patrick a appuyé sur le mot. Il a deviné que j'avais été saisi à la vue de cette femme, et il a prononcé Birmngham avec un accent qui, je crois, signifiait soyez tranquille, j'ai quelque chose d'heureux à vous annoncer... Birmingham ! *adieu ; dans une heure à Birmingham !* Quel mystère ! une divinité du ciel qui vend du *soda-water* en rase campagne, et qui paraît fort contente de son état!... Patrick sait déjà tout; son secret vient de passer au galop, là, devant moi; une pensée a été donnée à cette adorable femme, là dans cet air que je respire et que je bois... voilà donc l'amour!.., il vous arrête, comme un bandit, sur une grande route, et vous dit: meurs sans moi, ou vis avec moi!.. faut-il mourir, faut-il vivre?.. Courons à Birmingham. »

John Lively avait dans le cœur toute la fougue d'un Irlandais de vingt-quatre ans; mais à cet âge, il avait déjà perdu un trésor d'illusions, parce que la pensée et le malheur précoces lui avaient tenu lieu d'expérience. Il apportait au monde le naturel inquiet et orageux du solitaire qui est descendu de la montagne pour bâtir sa hutte au bord de la mer : le grand spectacle de l'Océan du nord; la campagne irlandaise, avec ses ondulations de verdure; ses lacs mystérieux où le ciel vient boire, comme dans une coupe taillée dans la montagne; cette nature énergique, encore défendue contre la civilisation par une ceinture de rochers, d'abîmes, de tempêtes, tout donne à l'Irlandais le caractère puissant de l'homme primitif, et lui assure la vénération des peuples, à une époque où les peuples ne vénèrent plus rien. John Lively était plus malheureux qu'un autre de ses compatriotes, parce qu'il était sorti de sa citadelle, et qu'il venait se heurter, avec ses passions, aux angles d'une société qui ne le comprenait pas. C'était un épisode vivant jeté dans le drame industriel de l'Angleterre.

John Lively s'était assis contre la grille du grand marché de Birmingham, et il attendait Patrick qui pansait ses chevaux. La nuit était sombre, et tout homme qui passait devant *Hart-Inn* était Patrick pour John Lively.

Enfin le cocher irlandais arriva; il était essoufflé, car il avait gravi, en courant, la rue escarpée qui monte au monument de Nelson. Lively le reçut dans ses bras, et son silence et ses serrements de main étaient plus désireux de réponse que vingt points d'interrogation.

— Grande nouvelle! dit Patrick; grande nouvelle! Laissez-moi me remettre un peu.

— Ah! dites! je vous écoute... Remettez-vous... Montons dans *New-Street*, nous serons plus à notre aise... Grande nouvelle! voyons!

— Oui, monsieur Lively; grande nouvelle! L'embranchement du chemin de fer de Manchester n'aura pas lieu.

— Ah!

— Je viens de conduire M. Copperas

d'Oxford à Birmingham. M. Copperas s'était arrêté à Oxford pour consulter un célèbre étudiant qui étudie les chemins de fer, et pour voir trois des plus riches actionnaires; il m'a tout dit, tout. En voyage, on n'a pas de secrets. Figurez-vous que du côté de Stafford ou de Witmore, je ne sais pas bien, il y a des marécages, de vieux marécages, des *pols* de cent pieds de profondeur avec du gazon par dessus; les ingénieurs ont sondé le terrain, et ils se sont enfoncés dans le gazon jusqu'au nez. J'aurais donné une *couronne* pour voir cela... et ensuite...

— Avez-vous vu votre frère l'aubergiste du *Lion-Rouge* à Wycombe? dit Lively.

— Oui, oui, attendez... les ingénieurs ont dit, il est impossible d'établir des *rails* sur ces marécages; que ferons-nous donc? Nous ne ferons rien. Un autre a dit : il faut détruire ces marais et les dessécher à la vapeur; c'était un savant celui-là. Il a demandé vingt ans pour dessécher. Laissons-les faire, ils se dessécheront sur ces marais, eux; et en attendant, le cocher vivra, le cheval vivra honorablement; l'aubergiste ne mourra pas de faim. Nous sommes sauvés pour vingt ans.

— Et que vous a dit votre frère sur la dame du cottage de Bucks?

— Ah! j'ai vu mon frère... oh! je n'ai pas oublié votre commission!

— Eh bien! que vous a dit votre frère sur la dame du cottage?

— Il ne m'a rien dit du tout.

— Rien?

— Absolument rien, mon frère ne la connaît pas; mon frère ne l'a jamais vue, et n'en a jamais entendu parler.

— Mais n'avez-vous pas questionné d'autres voisins, parmi vos connaissances?

— Oui; j'ai questionné beaucoup de

monde; personne ne connaît cette dame. Ce matin, je me suis arrêté chez elle, pour la questionner; je lui ai demandé un verre de Porto; je l'ai bu; je lui ai offert mon argent, elle l'a refusé, comme elle me fait toujours, dans l'espoir que je lui amènerai des pratiques; je connais cette finesse. Il y avait dans le *cottage* trois membres de la société de *titotal-abstinence* de Liverpool qui voyagent, à pied, dans le Middlesex, pour recruter des sociétaires. Ces trois membres ont bu vingt pintes de porter *wite-bread*, deux flacons de wiski, et trois de claret, pour célébrer l'abstinence. Quant ils se sont levés pour payer, la dame a refusé l'argent; c'est encore une finesse pour attirer chez elle toute la société de *titotal-abstinence*, qui se compose de cinq cents membres, tous buveurs renommés. Voilà tout ce que je puis vous dire aujourd'hui.

— Tu n'as donc pas parlé à la dame?

— Je n'ai pas eu le temps; et puis, elle m'a regardé avec tant de bonté, que je n'ai pas eu le courage de lui adresser la parole; un ange est plus redoutable qu'un démon.

— Ainsi, nous ne sommes pas plus avancés qu'il y a cinq jours?

— Pas davantage. Cependant, je vous apprendrai qu'elle portait ce matin une robe de soie feuille-morte, et qu'elle avait des roses dans les cheveux.

— Et que penses-tu de cette femme?

— Je pense que c'est la femme d'un lord qui a fait un pari.

— Tu la crois mariée?

— Elle n'a pas l'air d'être mariée; et cependant quand on la regarde bien, elle n'a pas l'air d'être demoiselle; c'est fort embarrassant. Je la crois veuve, pour tout arranger.

— Veuve, si jeune !

— On peut être veuve à seize ans, si le mari meurt après un an de mariage. Enfin, puisque vous tenez tant à cette dame, monsieur Lively, allez prendre un logement à Bucks, et vous irez, tous les jours, boire du *soda* chez elle; à la fin de la semaine, vous en saurez plus, peut-être, que vous n'en voudrez savoir.

— Ce bon Patrick! j'irai m'établir à Bucks, comme un lord, moi! Il me reste trais guinées, mon ami..., c'est trois jours à vivre.

— Vendez votre cabane.

— Pour mille livres, je ne la vendrais pas... Mon père y est mort !

— C'est différent. Si j'avais de l'argent, je vous en prêterais; mais...

— Merci, Patrick... merci... j'attendrai. atrick, je ne dors pas depuis trois nuits...

— Ah! vous êtes pris, ça se voit, je reconnais là mon Irlandais.

— Le souvenir de cette femme m'inquiète... je serais plus tranquille si je lui avais parlé une seule fois.

— Allez à Bucks.

— Non, non, j'irai chez moi; et puis j'irai à Manchester; je travaillerai; je gagnerai de l'argent, dussé-je faire des briques à Salford! je vivrai de peu pour gagner davantage.

— Et quand vous aurez ramassé quelques *souverains*, vous irez au cottage; vous le trouverez vide; quelque fils de lord, acheteur de femmes, aura passé par là.

— Oh! si cette figure d'ange mentait, il n'y aurait plus de vertu sur la terre!

— La vertu pauvre est bien exposée sur un grand chemin.

— Elle est plus exposée dans les villes...

Cette femme est, en plein air, sous la garde de Dieu.

— Que Dieu la garde bien !

— Patrick, je te remercie de tout ce que tu as fait pour moi... Que tout soit fini là... J'ai oublié un instant ma misère ; moi, le pauvre Irlandais ! j'ai songé à l'amour, à la femme habillée de soie, au mariage, au bonheur !.. Quelle folie ! j'ai dormi ; me voici réveillé. Adieu, Patrick, je vais rentrer dans ma cabane ; le tombeau de mon père me donnera de sages conseils.

John Lively serra la main de Patrick, et il regagna mélancoliquement sa modeste auberge sur la place du Marché.

Le lendemain, il avait recommencé sa vie d'anachorète, dans sa cabane, non loin du village et du château de Stafford.

La solitude, au lieu de calmer les grandes passions les alimente ; l'homme n'entend gronder la tempête de son cœur que dans le silence du désert. Aux cités, les plaisirs faciles; aux campagnes, les passions inexorables. Lively se promenait le soir sur une petite colline couverte de cailloux, de bruyères et de plantes épineuses, et qui s'élevait derrière sa cabane. Là, jamais il ne donnait un regard aux belles plaines du Lancashire, ni à cet horizon vaste, où l'inclinaison des terres annonce le voisinage de la mer. Cependant l'Irlande, son doux pays, nageait sous cette zône! Pauvre Irlande! elle était oubliée! Les yeux du jeune homme ne se détachaient pas des montagnes brumeuses, limites de l'Oxfordshire. C'est là qu'il y avait une vie, un amour, un mystère, un paradis.

Cependant les cinq guinées avaient disparu. Il fallut que John Lively descendit des hauteurs de la pensée aux détails ignobles de l'existence prosaïque. Il lui restait trois choses à choisir : la misère, le suicide, ou le travail.

Lively serra vivement ses bras contre sa poitrine, et dit : — Demain j'irai faire rougir des briques au bourg de Salford.

Il n'avait pas remarqué dans ses contemplations, deux hommes qui étaient descendus de cheval devant la porte de sa cabane; il tressaillit même dès qu'il les aperçut si près de lui, surtout en reconnaissant l'un d'eux, M. Copperas, son ennemi de voyage. Ce qui le rassura, c'est que M. Copperas avait un air riant, et qu'il saluait avec une affabilité tout irlandaise ou française.

— Nous nous excusons bien de nous présenter ainsi, sans nous faire annoncer, dit M. Copperas, c'est à M. John Lively que nous avons l'honneur de parler.

— Oui; dit le jeune homme, d'un ton sec.

M. Copperas ne remarqua pas le ton.

— Sir John Lively, poursuivit M. Copperas, vous êtes, m'a-t-on dit, le propriétaire de cette campagne ?

— On vous a trompé. Cette cabane appartient au tombeau de mon père; la campagne appartient à la famille de Stafford.

— Je vous en félicite. Cette campagne n'est qu'un marais; vous devez avoir des fièvres en été?

— Je n'ai jamais eu la fièvre, monsieur.

— C'est que le voisinage des marécages est très dangereux.

— Liverpool a été bâti sur un marais; son nom l'indique bien.

— Oui, le *marais* du *Liver;* ce sont même les armes de la ville; un *Liver,* qui n'est autre chose qu'un héron ou une grue, en *pal*, sur un *champ* d'azur... d'azur marécageux. Mais depuis cent-cinquante ans, le marécage a disparu.

— Est-ce que nous allons faire une longue dissertation sur les marécages? dit Lively en croisant les bras.

— Non, non, sir Lively, nous venons vous proposer une petite affaire; avez-vous quelque petit terrain à vendre, au vol du chapon, quelque arête de colline, quelque peu de gravier, un rien? Je vais vous parler franchement, parce qu'en affaires la meilleure finesse c'est la franchise; nous avons quelques pieds de *rails* de l'embranchement à faire passer de ce côté; ici, ou un peu plus loin, si je ne m'arrange pas avec vous. Nous cherchons quelques toises de terrain sec, qui n'aient pas trempé dans cette espèce de conspiration que les marécages ont faite contre nos chemins de fer.

— Monsieur, je ne puis rien vous céder, par une excellente raison; je ne possède rien.

— Ah! vous ne possédez rien!.. Au reste, si vous possédiez, nous aurions le désagrément de ne pouvoir vous enrichir; nous voulions faire un appel à votre patriotisme...

— Je n'appartiens pas au Comté, monsieur.

— Mais vous appartenez à la nation; vous êtes Anglais...

— Irlandais.

— Irlandais, encore mieux; un client du grand O'Connell, un fils de la verte Erinne. Mon aïeul était Irlandais; j'ai du sang irlandais dans les veines, et deux actions dans le chemin de fer de Kingston à Dublin. Vous voyez que nous sommes à peu près compatriotes.

— Soit.

— A qui appartient cette colline où vous vous promeniez?

— A moi, monsieur; vous voyez que je

ne mens pas en vous disant que je ne possède rien.

— Au fait, cela ressemble assez à la bruyère des sorcières de Macbecth. On ne retirerait pas dix shillings des chardons de cette colline. Permettez-vous que nous l'examinions un instant ?

— Examinez-la ; je vous défie d'y faire pousser un grain de seigle.

— Pierres sur pierres, pierres sur pierres; pas un atôme de terre végétale !... Il doit y avoir des insectes venimeux au mois d'août... Ah! voilà de la ciguë! *cicuta!* prenez bien garde de toucher à cette plante!.. Notre projet serait d'écorner un tant soit peu cette colline, pour y loger à sec quelques toises de *rail;* de cette manière, le chemin passerait sous votre croisée, ce qui donnerait subitement une valeur considérable à votre propriété. Nous n'exigeons rien pour ce travail; nous sommes ravis d'être utiles à un brave Irlandais.

— Ah! vous n'exigez rien; c'est fort généreux, vraiment. Et croyez-vous donc, monsieur, que je ne tiens pas à ma colline, moi, tout indigente qu'elle est. C'est la colline de mon père; le premier coup de marteau que vous donneriez dans ses entrailles, je le ressentirais dans les miennes : et vous faites sonner bien haut votre générosité qui ne me demande rien pour que je vous laisse éventrer ma chère colline! voilà qui est singulier !

— Ces Irlandais sont tous les mêmes, voyez quel feu! quelle charmante colère! Eh bien! voyons : nous ferons verser la mesure, nous vous offrirons quelque chose; nous couperons votre colline, là, nous vous ferons un vallon; vous aurez deux collines au lieu d'une, sans compter l'avantage que vous retirerez de la proximité du *rail-*

vay, et nous vous donnons cinquante livres comptant.

John Lively fixa la terre, et puis tourna ses yeux vers le midi.

— Cinquante livres, dit-il, c'est bien peu.

— Mais notez bien que nous vous laissons deux collines; nous vous achetons le droit de passer dans le vallon.

— Mettez cent livres, et tout est dit; je signe.

— Savez-vous, sir, que le *rail-way* nous coûtera 150,000 livres?

— Ajoutez-en cinquante, cela ne vous ruinera pas.

— Cent livres! sir Lively, vous n'êtes pas rond en affaires.

— Je suis pauvre, monsieur.

— Vous êtes pauvre, sir Lively! vous êtes pauvre! oh! alors, c'est une affaire conclue. Adjugé pour cent livres! Montez le cheval de mon ami, et allons signer le contrat. Il n'est jamais trop tôt pour faire une bonne action. A cheval!

Copperas fit courir le mouchoir sur ses yeux, comme s'il eût essuyé des larmes d'attendrissement.

Et, se tournant vers son ami, pendant que Lively fermait la porte de sa cabane, comment le trouves-tu, lui dit-il, celui-là? Il est plus stupide qu'un Irlandais ordinaire; on pourrait en faire deux Irlandais.

John Lively leva ses yeux au ciel pour le remercier, monta à cheval et suivit la direction de Manchester. A l'angle du chemin de Stafford, il se retourna du côté de Birmingham, comme pour lui dire : A demain!

III

La Dame du Cottage.

Lorsqu'on traverse la campagne anglaise, on est étonné du nombre incroyable de troupeaux qui couvrent les pâturages; mais ce qui étonne encore davantage, c'est l'absence des bergers. Il n'y a pas de bergers. On vous dit bien que cette profession pastorale a dû être supprimée depuis l'anéantissement des loups, mais cela n'explique pas assez l'anéantissement des pasteurs. D'ailleurs, le paysage y perd, et la poésie bucolique aussi. Cependant, on m'a montré, sur la route de Crewe, un monsieur couvert d'une longue redingote bleue, à double collet, avec des bottes à l'écuyère, un castor de baronnet, un jabot, des gants, et une canne à pomme; ce monsieur était un berger; un Tytire anglais; en effet, il conduisait une douzaine de brebis à Crewe, et lisait le *Times*. Le berger anglais dédaigne donc la prairie, et ne hante que le grand chemin.

John Lively portait ce costume pastoral que je viens de détailler; lorsqu'il sortit d'Oxford, avec douze *banks-notes* de cinq livres en portefeuille; il avait dépensé le reste à Manchester, en diverses emplettes de première nécessité. Notre jeune homme avait quitté la voiture à Oxford, et envoyé sa malle de cuir pleine d'effets neufs à l'auberge du *Lion-Rouge* à Chepping-Wycombe. Il achevait son voyage à pied, et dans une sorte de déguisement.

A quatre heures du soir, il découvrit à l'horizon la chapelle bâtie sur la colline de Bucks, et les grands arbres qui bordent à droite le grand chemin. Il est inutile de parler des palpitations de son cœur et du trouble de son esprit. Il lui semblait que son amour grandissait avec la plaine, et qu'il embrassait, de toute l'immensité de l'horizon, ce cottage isolé, divin palais d'une femme. Un air tiède, et tout retentissant du murmure des arbres et du chant des oiseaux, l'accompagnait comme un céleste ami, et semblait apporter à son oreille d'exquises confidences d'amour. Qu'allait-il faire au cottage? il ne le savait pas; il n'avait point combiné de plan; sa jeune expérience lui disait que, dans les grandes occasions, l'homme doit se laisser faire par le hasard, cet habile régulateur de tout. Aussi, la moindre hésitation ne l'arrêta pas sur le seuil de la porte du cottage; il entra lestement, comme un piéton ordinaire qui vient se désaltérer, et demanda du porter d'un ton délibéré qu'il s'était noté artificiellement depuis Oxford.

Il s'assit épuisé de l'effort; il lui sembla qu'il avait rendu son âme dans un seul mot; sa tête reposait sur ses mains. Un pas léger et un frissonnement de satin le firent tressaillir; un bras d'ivoire s'allongea sous sa figure inclinée, et déposa sur la table une pinte de porter.

John Lively saisit d'une main convulsive l'anse qui luisait comme de l'argent neuf, et aspira le porter d'un trait; puis sa tête retomba sur ses mains.

Un instant après, il entendit encore le même pas et le même frôlement de robe, et un bras divin déposa sur la table une seconde pinte de porter. Oh! cette fois, il se retourna vivement, mais il ne vit pas la figure de la femme. La mystérieuse inconnue marchait vers la porte; elle s'arrêta sur le seuil et regarda le grand chemin : si elle se fût retournée, en ce moment, elle aurait surpris Lively dans une crise d'extase digne de pitié.

La dame regardait toujours le grand chemin, et Lively regardait la dame dans l'immobilité du ravissement; elle ne se doutait pas que tant de silencieuse passion rugissait autour d'elle; sa pose était pleine de nonchalance; sa robe largement échancrée laissait à découvert les épaules, où deux tours d'un collier de jais se déroulaient capricieusement, comme une incrustation d'ébène sur une amphore d'albâtre. Cette robe était une de ces étoffes aériennes que l'Irlande envoie aux étalages d'Everington à *Ludgate-Street* : la soie voluptueuse et fluide accompagnait les ondulations du corps avec tant d'aisance, qu'on devinait que pas un pli de l'étoffe n'avait prémédité un mensonge, et ne recélait une erreur.

L'arrivée d'un voyageur obligea la dame inconnue de rentrer au cottage. Son visage se révéla soudainement à Lively, comme le soleil quand il s'élance d'un nuage; elle illumina la salle; elle l'embauma comme un temple; elle sema des reflets d'or sur le bois et l'argile; elle ennoblit toutes les viles choses de sa profession. C'était une déesse qui demandait des autels aux mendiants de la grande route.

Le nouveau voyageur était un mendiant, et sans doute un habitué de la maison, car il s'assit, ne demanda rien, et fut servi avec une promptitude qui confondit John Lively. Bien plus, la dame lui présenta la pinte d'*hafnaff* avec un sourire divin. Le mendiant but et dit : Il fait bien chaud aujourd'hui. A l'instant, la dame lui servit une seconde pinte d'*hafnaff.*

Il paraît, pensa Lively, que la seconde pinte est par-dessus le marché.

— Très bon l'*hafnaff*, dit le mendiant, meilleur que le porter, et plus rafraîchissant en été.

La dame s'inclina, comme pour le remercier de ce compliment flatteur; le mendiant reprit son bâton à la porte, et sortit sans payer.

Lively saisit l'occasion au vol pour entrer en conversation.

— Madame, madame, il ne vous a pas payé ce... voyageur!

— Oui, je le sais, dit la dame, avec un sourire céleste; que puis-je lui demander? c'est un pauvre voyageur.

C'était la première fois que Lively entendait cette voix. Jamais la brise du midi dans les pins de l'Irlande; l'harmonie des nuits sur les collines maternelles; la voix lascive des vagues de Kingston, cette voix qui vient des îles voisines, et meurt dans le golfe; jamais les mélodies agrestes qui montent des lacs de l'Erinne, n'avaient ravi le cœur de Lively, comme ces paroles qui venaient de glisser sur le velours rose des lèvres d'une femme. Il aurait voulu recueillir l'air odorant où s'était évaporé le son de cette voix musicale, sortie d'un timbre d'or. Il se tût avec une sorte de honte, car il aurait craint de profaner par son organe rude, cette atmosphère retentissante encore d'une suave mélodie, cette enceinte sacrée, où l'ange avait laissé tomber un écho du ciel.

Il se leva, faible et tremblant, et présenta, les yeux baissés, une demi-guinée à la dame inconnue.

— Gardez votre argent, mon ami, lui dit-elle; vous en aurez besoin.

Lively n'osa insister; il sortit machinalement, et marcha, par instinct plutôt que par intention, sur la route de Wycombe. Il ne savait à laquelle de ses pensées donner audience; elles lui arrivaient à flots, et chaque pensée avait un voile de mystère; il ne rencontrait que l'inconnu. Au bout de toutes ses conjectures, il ne voyait jamais que deux vérités évidentes : une femme adorable et un amour désespéré.

Sur la porte du *Lion-Rouge* il trouva l'aubergiste qui lui dit : — Vous êtes John Lively, si je ne me trompe.

Il regarda fixement l'aubergiste, et fit un signe affirmatif.

— Voilà une lettre pour vous, dit l'aubergiste.

Lively prit la lettre avec nonchalance, l'ouvrit, et lut :

Birmingham, 28 juin 1836.

« Sir John Lively,

« D'après les ordres que vous m'avez
« donnés, je me suis établi chez vous pour
« surveiller les travaux que M. Copperas
« fait exécuter sur votre colline. J'ai déjà
« eu trois disputes avec M. Copperas. A la
« première, il vous avait traité d'imbécile,
« devant moi ; à la seconde, il avait insulté
« mes chevaux ; à la troisième, c'était plus
« grave. Vous savez qu'il est convenu qu'il
« ne coupera la colline que sur un côté,
« afin de vous laisser une colline à peu
« près entière, sauf un petit monceau. Pas
« du tout ; je l'ai surpris ce matin, faisant
« des plans et un tracé pour couper votre
« colline en deux parties égales. — Qu'al-
« lez-vous faire, lui ai-je dit, monsieur?
« vous oubliez nos conventions ; je ne souf-
« frirai pas cela ; je me ferai plutôt couper

« en deux moi-même : il m'a menacé d'un
« poing, je l'ai menacé de deux, et si ce
« n'eût été par respect pour votre cabane,
« je l'aurais assommé comme un bœuf.
« — Si c'est votre droit, faites-le valoir,
« m'a-t-il dit. — Bien ! ai-je répondu. Et
« j'ai couru à Birmingham, pour amener
« deux *policeman*. Avant de repartir, j'ai
« voulu vous écrire pour vous demander
« vos ordres. Mes *policeman* sont prêts.
« Prompte réponse, ou votre colline est
« perdue.

« Votre dévoué intendant,

« PATRICK. »

« Adressez votre réponse à Arthur Graves, cuisinier à *Royal-Hôtel, New-Street*, à côté du théâtre, à Birmingham. »

— Que m'importe ma colline ! s'écria Lively en jetant la lettre de Patrick.

L'aubergiste s'avança et lui dit : — Vous

avez une réponse à me remettre ; le courrier va passer.

— Eh bien ! dit Lively, qu'ils en fassent ce qu'ils voudront !

— De quoi ?

— De ma colline.

— Quelle colline ?

— Au diable !... attendez... excusez-moi ; je suis distrait...

— Vous êtes malade ; voulez-vous une tasse de thé ?

— Donnez-moi du papier et une plume.

— Vous ne voulez pas de thé ?

— Non.

— Entrez au salon, vous trouverez ce qu'il faut pour écrire.

— C'est bien.

Lively écrivit :

« Mon cher Patrick,

« Laisse mettre ma colline en pièces, et ne te mêle plus de rien. »

— Voilà la réponse que vous me demandez, dit-il, à l'aubergiste.

— Cette réponse est pour mon frère, je sais.

— Ah! oui, c'est juste! vous êtes le frère de Patrick; excusez-moi, j'ai pris un coup de soleil; je n'ai pas ma tête à moi.

— Mon frère m'a déjà parlé de vous.

— Oui, oui, à propos de...

— A propos de cette dame de là-bas. J'ai pris des informations...

— Ah! de nouvelles informations.... Voyons, dites; que savez-vous?

— Il y a trois mois que cette dame a acheté ce cottage.

— Est-elle mariée?

— Elle vit avec un vieux monsieur qu'elle appelle son père.

— Un vieux monsieur? très vieux?

— Soixante ans.

— Qui est son père?

— A ce qu'on dit.

— Après?

— Elle dépense beaucoup d'argent à sa toilette.

— Elle gagne donc beaucoup?

— Elle ne gagne pas mal; mais elle donne à boire gratis à tous les mendiants de la route; ce qui fait qu'il y a, par-ci par-là, quelques riches fermiers avares qui vont boire au cottage, et ne paient pas. Moi, je la crois folle.

— Folle, parce qu'elle est charitable!

— C'est une idée que j'ai. Je ne crois pas les aubergistes charitables.

— Mais, c'est une femme! Savez-vous bien ce que c'est, une femme? un ange? une providence de grand chemin?

— Oui, oui; quand on paie, je suis une providence aussi; mais quand on ne paie pas, je fais mettre en prison.

— Voilà tout ce que vous savez?.. Je vous

remercie.. Faites-moi conduire à ma chambre; j'ai besoin de repos. Je vais essayer de dormir un peu.

— Vous trouverez votre bagage dans votre chambre, n. 19. Je vous souhaite une bonne nuit... Vous ne soupez pas?

— Non, j'ai bien dîné, là-bas..., avec du porter... Bonne nuit!

Le lendemain, c'était un dimanche; Lively, délivré de ce sommeil agité qui continue les émotions de la veille, ouvrit sa croisée, pour faire sa prière du matin. Le paysage qui se déroulait devant lui était magnifique. Plaines et collines verdoyaient au soleil levant; le village de Wycombe couronné de tuiles rouges et riantes, et tout empanaché de tilleuls et de peupliers, semblait avoir revêtu un habit de fête. La grande route, bordée d'arbres et semée d'ombres flottantes, courait jusqu'à Bucks, dont le château dormait encore dans sa vaste alcôve de verdure. Le dimanche était écrit dans l'air : fête à la terre, fête au ciel.

Lively descendit à la salle basse, où l'aubergiste, déjà levé, lui servit une jatte de lait chaud et le félicita sur sa tournure de gentleman. Lively était habillé comme un riche manufacturier de Manchester; il avait des projets de visite. — Sir Lively, dit l'aubergiste, si vous fussiez descendu une heure plus tôt, vous auriez vu passer la belle dame en calèche, avec deux chevaux de poste.

Lively laissa tomber la jatte de lait sur la table, et il ouvrit la bouche pour faire une exclamation; mais sa langue se colla aux lèvres.

— Sir Lively, prenez ce verre de wisky, dit l'aubergiste, vous êtes pâle comme la mort.

— Elle est donc partie! dit le jeune

homme avec un effort de voix éteinte.

— Cela me rappelle, sir Lively, une chose que je ne vous ai pas dite hier soir, et que je ne sais que depuis trois jours.... prenez ce verre de wisky.... voici.... le dimanche, la belle dame ferme le cottage, et passe la journée à Londres; on dit qu'elle va entendre la messe à l'église de la Cité....

— Elle est!...

Lively tomba de faiblesse sur un fauteuil.

— Elle est catholique! murmura-t-il tout bas.

— Catholique comme vous et moi; mais moi, je ne vais pas à la messe; je suis aubergiste.

— Elle est catholique!.... Oh! c'est un ange du ciel! Dieu devait un miracle au pauvre enfant de la pauvre Irlande! Dieu a pris pitié de moi; il m'a choisi, entre tous mes frères qui souffrent, pour me donner peu de ce bonheur qui accable tant d'hommes indignes de lui! Elle est catholique!.... elle devait l'être; j'aurais dû le deviner; la prédestination rayonne dans ses yeux.

Lively se leva dans le délire de l'exaltation.... Je dis, s'écria-t-il....

L'aubergiste accourut.

— Un cheval! donnez-moi un bon cheval; en deux heures, je puis être à Londres, n'est-ce pas?

— Oui, sir Lively. Je vais vous donner un cheval dont vous serez content.

— Londres! Je ne croyais plus le revoir! Oh! qui se flattera de pouvoir conduire sa vie? La vie est entre les mains de Dieu!.... Vite! vite! votre cheval!.... point de selle; donnez-le moi nu, sans bride...

— Il n'a pas bu...

— Il boira l'air. Vite! vous dis-je; chaque minute de retard m'ouvre une veine.

— Voilà!.... j'ai donné l'ordre, on vous le prépare; un peu de patience, sir Lively; l'an prochain, vous aurez le chemin de fer qui passera là, devant vous.

— Elle est catholique! Oh! femme sainte et bénie!.... Elle observe les œuvres de miséricorde; elle donne à boire à ceux qui ont soif!.... Ah! voilà le cheval! merci..... Où puis-je descendre, dans la Cité, près l'église catholique?

— A *White-Horse*, dans le *Cheapside*. L'aubergiste est Irlandais.

— Justement mon cheval est blanc, je ne l'oublierai pas.

Et il s'élança, comme le vent, sur la route d'Uxbridge.

En entrant à Londres, Lively fut obligé de ralentir le pas de son cheval. Comme il passait devant l'église, au clocher aigu, qui ferme *Regent-Street*, un *policeman* lui cria de chevaucher plus décemment, pour respecter la sainteté du dimanche. Il aurait fallu voir quel torrent de mépris tomba de la face de l'Irlandais à cette recommandation qui sortait d'une bouche impie. — Je respecte la sainteté des lois, dit-il fièrement; et il mit son cheval au pas.

De quel regard il contempla cette tristesse que donne le dimanche à la Babel des hérésies! Comme il tressaillait de pitié en écoutant, sur son passage, les cloches de Saint-Martin et de Sainte-Marie-du-Strand, qui appelaient les infidèles à l'autel des iconoclastes! — La prostitution même s'est mise à l'ombre aujourd'hui! dit-il; à quel saint exilé du ciel adresser t-elle aussi sa prière de dérision?

Enfin, de désert en désert, il arriva dans le *Cheapside*, et de là il ne fit qu'un bond à l'église catholique de la Cité.

C'était comme au temps de Dioclétien.

Quelques fidèles se glissaient furtivement sous le porche et semblaient avoir peur de leur religion, dans cette ville où Rome a baptisé cinq cents églises; où l'on aperçoit de la seconde arche de *London-Bridge* cinquante clochers qui furent catholiques. John Lively entra, la tête haute, dans ces catacombes modernes, et s'agenouilla sur le parvis. Sa première pensée fut pour Dieu; la seconde.... Il rougit de honte de traîner sa passion dans le temple saint.

Six cierges brûlaient sur un autel indigent; quelques lambeaux de tenture cramoisie pendaient aux pilastres du sanctuaire; un vieux Christ, largement percé au cœur par Longin et Henri VIII, était enseveli dans l'ombre de l'abside. Un prêtre, à cheveux blancs, comme le Marcellin de la première persécution, monta les marches de l'autel et commença l'*introït*. On entendait, par les vitres brisées, le son lent et lugubre de la cloche de Saint-Paul, qui demandait pardon à Dieu pour les hommes.

Le jeune Irlandais ne jeta pas un seul regard autour de lui. Il suivit les prières de la messe, versets par versets, comme s'il n'y avait eu dans l'église que le prêtre pour célébrant et lui pour acolyte. A l'*Ite missa est*, il crut entendre comme une voix intérieure qui lui disait : « Ton sacrifice est sublime, et Dieu t'en tiendra compte un jour. »

La messe dite, il se leva et jeta un rapide coup-d'œil dans l'église ; elle était presque déserte ; aussi, du premier coup, il aperçut à six pas de lui, la belle et sainte inconnue qui priait. Sa mise était d'une simplicité qui pouvait passer pour de la négligence ; elle avait enfoui la richesse de ses cheveux sous un bonnet de tulle, sans grâce et sans fleurs ; elle portait une robe de l'étoffe la plus grossière, et des mitaines de filet noir; Lively ne l'aurait pas reconnue, s'il l'avait moins aimée; heureux de lui avoir donné un seul regard, il sortit de l'église, et l'attendit dans la rue. Le quartier était désert.

Il n'attendit pas long-temps. Lively la vit se lever sous le porche, comme l'étoile de la mer; mais il se sentit chanceler, lorsque la ravissante inconnue le regarda fixement avec un léger sourire. L'Irlandais se troubla; sa figure se contracta de rires et se mouilla de larmes; puis, cédant à une inspiration qu'il n'avait pas le temps de peser, il s'avança vers la dame du cottage, et, moitié pantomime, moitié paroles décousues, il lui offrit son bras.

—Je vous ai vu prier à l'église, et j'accepte, dit la dame. Donnez-moi le bras jusqu'à *Post-Office.*

—Jusqu'au bout du monde, dit Lively à voix basse.

—Monsieur a le bonheur d'être catholique?

—Oui, madame.

—Irlandais, n'est-ce pas?

—Oui, madame.

—Je ne sais si je me trompe; mais il me semble que je vous ai vu quelque part.

—C'est possible, madame.

—Je ne vous ai jamais vu à la messe, le dimanche, à notre église?

—Je n'habite pas Londres ordinairement.

—Vous avez de belles églises à Dublin.

—Oui, madame.

—Ici, la nôtre est dans un état déplorable. Si j'avais quatre mille livres, je les donnerais pour la rendre digne du culte.

—Mais, madame.... quatre mille livres, à Londres, ce n'est pas difficile à trouver...

—Oui, chez les non-conformistes, chez les dissidents; mais chez les catholiques, c'est impossible.

—Oh! pourquoi impossible?

—Monsieur, si j'avais un million, je ferais beaucoup de largesses de ce genre. Par exemple, je ferais rebâtir Notre-Dame-des-sept-Douleurs sur la colline de Bucks.

—Oui, moi aussi; j'aime beaucoup la colline de Bucks.

—Ah! la richesse est une belle chose, quand on s'en sert pour gagner le ciel.

—Oh! oui, la richesse est une belle chose! Je voudrais avoir tout l'argent qui dort là, tout près, dans *Royal-Exchange*, pour le mettre aux pieds de quelque divinité terrestre qui se chargerait de mon salut.

—Monsieur, je vous remercie bien de votre complaisance; voilà *Post-Office*, je suis chez moi.

Lively salua, balbutia quelques paroles, et, trop délicat pour espionner une femme qui garde quelque réserve avec un inconnu, il se retourna brusquement vers Saint-Paul.

« Combien me reste-t-il dans mon portefeuille, dit-il... Cinquante guinées!... Avec cela, il faut gagner quatre mille livres sterlings! C'est difficile, mais Dieu est grand!

IV

Un Convive.

John Lively était assis à table dans la salle à dîner de *Wite-Horse*. Il mangeait par habitude et non par besoin. A son côté s'ébaudissaient quelques-uns de ces joyeux convives qui mangent et boivent à heure fixe, et dont l'épiderme est à l'épreuve du chagrin, comme la cuirasse est à l'épreuve du menu plomb.

La salle retentissait de ces paroles nauséabondes qu'on appelle les charmes de la conversation. Chacun voulait user de son dimanche, jour d'abstinence pour le travail et d'intempérance pour la parole. Les deux voisins de Lively, surtout, faisaient une grande consommation de phrases dans cette orgie de propos; ils paraissaient pourtant avoir dépassé l'âge des folies; on les aurait même pris pour deux hommes sages avant le dîner. Lively n'eût pas voulu écouter ce qu'on disait à ses oreilles; il lui semblait qu'il commettait une indiscrétion; il écoutait donc comme il mangeait, sans le savoir.

—Oui, mon cher, disait l'un; il a suivi mon conseil, et il a bien fait.

—Ah! certes, il a très bien fait, disait l'autre; je l'ai rencontré l'autre soir, au foyer de Drury-Lane, avec ses quatre maîtresses, comme un grand Turc; quatre femmes grandes comme moi, avec des robes de cachemire, et des pieds comme ma main.

— Mon Dieu ! il pense sagement ! il est jeune et il est riche ; il fait litière de *bank-notes;* il boit du claret comme nous de l'eau : il dîne trois fois la semaine à *Star-and Carter*, à Richmond, avec ses quatre maîtresses, où il dépense vingt livres comme nous dépensons ici trois shillings. C'est un vrai Mahomet, un petit Byron.

—Et qui plus est, Highgate est son bourg-pourri ; nous le verrons aux Communes aux prochaines élections; il a acheté la moitié d'une rue à Highgate; vous savez, depuis le *Club-Room* jusqu'au pont qui passe sur la route de Belford. Ce mauvais sujet de Mawbrick ne donnerait pas maintenant sa fortune pour deux cent mille guinées; il a une action dans la brasserie Barclay qui lui rapporte deux mille livres,

— Il a aussi une bonne qualité, Mawbrick; c'est la reconnaissance. Il se souvient qu'il me doit sa fortune; et voici un fait qui l'honore; le mois dernier je fus un peu gêné aux échéances; il me manquait dix mille livres sterlings; je lui écrivis un petit mot; et il me les envoya par son domestique.

— Ah! c'est très beau! je ne connaissais pas ce trait.

— J'en fus si touché, moi, que je voulais le faire annoncer dans les papiers publics; il s'y opposa, lui parce que, me dit-il : « Cela vous portera tort. » Je cédai.

— Très bien!

— Vous avez poussé aussi le petit Shoffield, vous?

— Comment donc! vous savez qu'on

parle de lui pour remplacer sir William Bentinck aux Indes.

— Possible?

— Le lord-chancelier le protège et il sera nommé. Shoffield a acheté l'autre jour, au comptant, soixante colonnes du *Quadrant* et la moitié de *Regent's-Circus.* L'an dernier, il n'avait pas un shilling, pas un penny.

— Je crois bien! il avait mangé tout son patrimoine avec cette fameuse Betty de *Long acre*; une femme qui a dévoré trois fils de lord.

— Shoffield m'emprunta trente livres pour acheter une action sur un *Fly* qui allait d'Humgerford-Market à la Tour. Au bout de la semaine, il avait doublé son argent, au bout d'un mois il avait acheté le *Fly*; il le vendit et acheta un arpent de terrain à *Tottennham-Road,* qu'il vendit le lendemain à un boucher d'Hampstead six mille livres. Une fois parti comme çà, vous savez que la fortune vous pousse sur un *rail-way*; il n'y a que le premier million qui donne de la peine. Shoffield est aujourd'hui un Sardanapale. Je l'ai rencontré hier soir, devant le *Zoological-garden*; il était avec deux écuyères d'Athsley, dans une calèche de Milne, ce fameux carrossier d'*Egdward-road*, vis-à-vis Hyde-Park.

— Et notre ami Storr, aussi, comment a-t-il commencé?

— Avec rien.

— Avec moins. Je lui prête un souverain; il va au club de Crawtord, dans le *Strand*; il gagne mille livres au creps, bien. Il sort, et va manger des écrevisses chez Moss, bien. Il rentrait chez lui par *Leicester-Square*, lorsqu'il entend tinter des couronnes au second étage d'une maison du *Square*; il monte et gagne six mille livres en un instant; en six parolis, comme disent les Français. Il sort, et va manger un romsteack et du saumon fumé, au coin de *Castle-Street*. Bien. Il ne s'arrête pas là. — « Puisque j'ai été heureux deux fois, dit-il, j'irai à trois; courons au salon de Piccadilly. » On jouait là un jeu d'enfer, il y avait trente femmes, trente soleils; ces femmes l'animent; il gagne dix mille livres, et donne vingt guinées à chacune; elles le portèrent en triomphe à *Malborough-Street* où il demeurait. Le rusé coquin n'a plus joué. Il s'est mis dans le commerce, et aujourd'hui c'est un nabad...

Ce convive s'arrêta court, en prenant un air amical :

— Faites-moi le plaisir, dit-il à Lively, de me faire passer le jambon.

— Très volontiers, dit Lively qui avait fini par s'intéresser à cette conversation, d'autant plus qu'elle n'avait pas du tout l'air d'être improvisée pour lui.

— Vous n'en prenez pas de jambon, vous, monsieur? dit le convive à l'innocent Lively.

— J'en prendrai.

— Je vais vous en couper une tranche; à Londres, le jambon est exquis.

— Exquis.

— Vous n'êtes pas de Londres, vous, monsieur?

— Non; je suis.... du Lancashire.

— Ça vaut bien le Kent. Les femmes sont fort belles dans le Lancashire. Monsieur est sans doute un armateur de Liverpool?

— Non, je voyage pour mon plaisir, et pour mon instruction.

— Heureux! heureux! C'est bien employer sa jeunesse. Excusez-nous, monsieur.... monsieur?

— Lively.

— Monsieur Lively, excusez-nous; nous

avons fait beaucoup de bruit à votre côté; nous vous avons étourdi d'un bruit de paroles. Eh! que faire le dimanche? il faut manger, boire et parler. Parler, c'est ce qui coûte le moins.

— Mais, monsieur, vous m'avez fait au contraire beaucoup de plaisir. J'aime les histoires des gens qui font fortune.

— Oh! nous vous en raconterions à l'infini de ces histoires-là. Qui ne fait pas fortune aujourd'hui?

— Moi.

— Vous, sir Lively; avec votre âge, votre figure, votre position, vous ferez fortune quand vous voudrez, si vous ne l'avez pas faite déjà... Mais brisons-là; c'est par complaisance que vous écoutez cette conversation; parlons d'autre chose..... Mon Dieu! que le dimanche est ennuyeux! on ne sait que dire; on épuise tous les sujets. On parle de ses affaires, ce qui est permis; mais on parle aussi des affaires d'autrui, ce qui souvent est défendu par la stricte probité.

« Voilà un parfait honnête homme, se dit Lively, et un homme bien amusant en conversation. »

Après le dîner, le convive amusant se leva et dit à Lively : « Monsieur, vous m'avez fait l'honneur de me dire votre nom; je vous dirai le mien; je suis Saint-Alban, Anglais de la vieille roche, puisque Alban est un saint anglais. Je dîne tous les jours à *Wite-Horse*, et j'ai mon comptoir dans Cornhill, ici tout près, devant la banque. Si vous avez quelque opération en tête, demandez Saint-Alban au premier cocher. Adieu, monsieur. »

Il sortit avec son ami.

Lively s'accouda sur la table, et donna un libre cours à ses pensées.

« La richesse a été inventée par le démon,

se disait-il à lui-même, et pourtant il faut être riche pour vivre! Est-il heureux ce M. Saint-Alban?.... Si j'avais quatre mille livres, je serais plus heureux que lui! Oh! oui.... quatre mille livres!.... Je ne puis maintenant que répéter ces trois mots...... avec quatre mille livres, je commanderais un maître-autel de marbre blanc, un tableau de Notre-Dame-des-Sept-Douleurs à un peintre de Paris, six chandeliers d'argent, un ostensoir de vermeil, un calice d'argent, un ornement de soie brodée en or pour les fêtes de première classe, un ornement plus commun pour la semaine, et un autre de laine fine, blanche et noire, pour les messes de mort. Avec mes quatre mille livres, notre église catholique serait un bijou; et j'irais au cottage, et je dirais à la belle dame : Regardez maintenant cette église, voyez comme elle est riche et décente : eh bien! c'est votre dot.

Et je l'épouserais le lendemain ! »

Lively ne se parla plus qu'en soupirs, toute la soirée. Il essaya de penser pour prendre un parti pour le lendemain ; mais il ne sut à quoi se résoudre. Il voulut rafraîchir son front à l'air du soir ; mais, à peine eût-il mis les pieds sur le *Cheapside*, qu'une mélancolie intolérable lui arriva des quatre points de l'air : il ne vit que des rues immenses et sans peuple, une Thèbes rebâtie et exilée au désert par ses habitants. La nuit descendait, sourde et orageuse. Le gaz prodiguait des trésors de lumière aux briques rouges des façades, et aux marteaux de cuivre poli ; le gaz avait la bonté d'éclairer le néant. Rien de triste comme ce silence, cette solitude, et ce jour inutile sous le dôme plat et noir de la nuit.

— John Lively rentra à *Wite-Horse*, pour

y attendre le jour, et demander au soleil une favorable inspiration.

Il trouva bientôt dans sa chambre un ami sur lequel il ne comptait pas, et qui le prit en traître — le sommeil; — il ne rêva que millions, banque, fortune, torrents de guinées où il s'abreuvait; églises de marbre qu'il bâtissait; cottages pavés de pierreries; nuages de *bank-notes*; arabesques de diamants; il se réveilla pauvre et nu.

Avec cinquante livres, dit-il, je serai mangé par Londres en quatre jours; on peut vivre une quinzaine de plus à Wycombe, et... la voir!... point de faiblesse; vite? à cheval! et à Wycombe! Vive le soleil, c'est lui qui donne de l'énergie au cœur.

Et il descendit à la salle pour prendre du thé.

M. Saint-Alban déjeûnait à la fourchette.

—Ah! vous voilà! monsieur Lively, s'écria-t-il familièrement, et serrant la main du jeune homme; voulez-vous déjeûner avec moi?

—Oh! vous êtes bien honnête.... monsieur.... je ne sais comment....

—Allons, mettez-vous là; je déjeûne à la mode française, moi; il me faut de la viande froide le matin, une friture avec un verre de punch glacé. J'ai pris ces habitudes à Paris, lorsque je traitais l'emprunt Aguado pour la reine d'Espagne.

—Moi, je prends du thé habituellement.

—A votre fantaisie, sir Lively.... c'est bien, on va vous servir du thé... Avez-vous lu les papiers, sir Lively?

—Non, monsieur.

—Il paraît que nous avons la guerre avec les Birmans. Cela m'inquiète; j'ai des fonds à Jagrenat.... Sir Lively, que faites-vous après déjeûner?

— Après déjeûner.... mais.... je me promène, je.... fais.... Que fait-on à Londres après déjeûner?

— On fait tout; chacun suit ses petites habitudes de digestion. Moi, je vais à mon petit club de *Chandos-Street;* un véritable club d'amis; le club de Socrate. Nous sommes là quelques banquiers; il y a des hommes charmants; nous secouons un instant la poussière du comptoir. Nous causons; nous traitons une affaire; nous faisons un wist, un wist léger, pour passer le temps, à une livre la fiche, deux livres. Ah! nous ne sommes pas joueurs dans le commerce! La première vertu d'un commerçant, c'est la haine du jeu. Sir Lively, si j'ai un conseil à vous donner, ne jouez jamais!... Vous ne prenez rien après le thé, sir Lively?

— Absolument rien, monsieur Saint-Alban....

— Que faites-vous donc, sir Lively, laissez-moi donc payer... Remettez votre portefeuille en poche... justement, il faut que je change un billet de *Five pounds*... Ah! je ne changerai pas mon billet! Je me trouve fort heureusement une demi-guinée sur moi. Voici..... maintenant, mon bonheur est de traverser *Fleet-Street* et le *Strand* dans toute leur longueur. Je flâne, comme dit le Français. Arrivé à la hauteur d'*Agar-Street* je prends à droite, j'entre dans *King-William*, et je tombe dans mon petit club à *Chandos-Street*. C'est une promenade un peu longue, comme vous voyez; voulez-vous la faire avec moi?

John Lively, comme tous les hommes de la nature, subissait, à son insu, l'ascendant impérieux d'un homme de société. Ce ton décidé, ces allures hardies, ce langage dominateur avaient cent fois plus de puissance qu'il n'en fallait pour entraîner un ingénu campagnard. Lively, d'ailleurs, se sentait honoré, tout fier qu'il était, de marcher en compagnie d'un homme qu'il regardait comme son supérieur de tout point. Il s'inclina devant le génie de Saint-Alban, et sortit avec lui.

Que Dieu sauve Lively !

V

Le Club de Socrate.

Saint-Alban conduisit Lively à son petit club de *Chandos-Street*, et le présenta à trois banquiers graves et d'un âge assez avancé.

John Lively s'inclina devant ces millionnaires et jeta un coup d'œil rapide dans la salle. Ce club ne brillait pas par l'ameublement; chaises et tables étaient d'un bois fort commun ; il n'y avait de remarquable que deux statues de plâtre tricolore qui avaient l'intention de représenter Wellington et Napoléon, couronnés de lauriers.

— Vous voyez que c'est bien simple, dit Saint-Alban à Lively ; le strict nécessaire. Nous appelons ça notre club du matin. Le soir, nous allons au grand club de *Pall-Mall*. Oh! ici nous avons nos coudées franches ; c'est nous qui l'avons fait bâtir ; les six colonnes d'ordre Pœstum de la façade nous ont coûté deux mille livres. Elles sont en marbre sombre des carrières du Lancashire, votre pays. Voulez-vous bien vous asseoir, sir Lively.

Saint-Alban se tourna vers un des banquiers, et lui dit :

— Qu'avez-vous fait cette nuit au club de Westminster, sir Clayton?

— J'ai perdu.

— Beaucoup?

— Non; une misère, mille livres. J'aurais dû en perdre quatre. On n'a jamais joué d'un malheur pareil... Figurez-vous que j'ai perdu douze *robs*.

— Vraiment!

— Je perds toujours, moi; toujours. Mais fort heureusement je ne joue que pour m'amuser. Vous, Saint-Alban, c'est tout le contraire; vous avez fait un pacte avec la fortune.

— Il est vrai, sans vanité, que je suis assez heureux.

— D'ailleurs, vous jouez bien : vous ne perdez jamais un point par votre faute.

— Eh bien! avant-hier, chez le duc de Sunderland, j'ai perdu un *rob* par une singulière distraction; on avait épuisé les *atouts*; il ne restait plus que le *roi* et le *neuf*; j'avais le *roi*... Connaissez-vous le jeu, sir Lively?

— Moi... mais... oui... un peu...

— Bien !... j'avais le *roi* et cinq *levées;* j'oublie de faire *atout* et *passe-cœur;* je joue *cœur,* on me le coupe; nous étions quatre à quatre, et je perdis le *trik.* Cela me fit une différence de cent vingt livres, de la perte au gain.

— Oh ! le meilleur joueur a ses distractions.

— Mon Dieu! oui... Ah! voilà midi qui sonne à Saint-Martin... Il faut que j'aille à un rendez-vous aux bureaux de *Regent's-Circus;* il y a une réunion des actionnaires de l'entreprise des voitures de Windsor.

— Est-ce que vous ne ferez pas un petit *rob?* Le *rob* de midi, comme nous l'appelons.

— Diable !... c'est qu'il est fort tard... Aurons-nous fini à une heure?

— A une heure, on vous remplacera. Notre monde va venir. Samedi, nous étions cinquante-sept à midi et demi : je vous comptais.

— Allons, soit, un petit *rob*... Mais, je vous préviens, à petit jeu.

— Une livre la fiche... C'est bien modeste.

— C'est singulier; entre amis je n'aime pas jouer gros jeu. Vous savez, sir Lively, que nous ne jouons ici que le *wist* à trois; c'est une mode que j'ai rapportée de France... Voulez-vous faire un troisième, sir Lively, ou bien voulez-vous prendre une action dans mon jeu?

— Oh! je ne suis pas assez fort pour jouer, et...

— Voulez-vous être mon associé? Vous me donnerez des conseils; perte ou bénéfice, nous partagerons.

— Je veux bien.

Et il se dit tout bas : — Au fond, je ne risque pas grand chose; si je perds, je serai ruiné quelques jours plus tôt; si je gagne, je vivrai quelques jours de plus.

— Sir Saint-Alban, dit Lively, est-il bien nécessaire que je reste ici pendant le jeu?...

— Oh! indispensable! Comment donc!... si j'ai un coup scabreux, je veux être corroboré de la présence de mon associé.

— C'est que je suis appelé par une petite affaire, là tout près, derrière Saint-Martin, à l'office des *Coaches* de *Golden-Cross*.

— L'affaire d'un instant, n'est-ce pas?

— D'un instant.

— Ne vous gênez pas, sir Lively, nous commencerons sans vous; nous sommes à cinquante pas de *Golden-Crosse*... Il est donc convenu que nous sommes associés?

— C'est dit... au revoir dans l'instant.

La partie commençait lorsque Lively quitta le club de Socrate.

John Lively courut à l'office de *Golden-*

Cross, dans l'espoir d'y rencontrer Patrick, qui devait avoir repris la grande route, à la réception du dernier billet. En effet, on lui dit que le cocher Patrick était arrivé à onze heures, et qu'aussitôt il avait été obligé de courir au *Cheapside* pour une affaire des plus importantes.

— Au *Cheapside!* dit Lively; c'est moi qu'il cherche; il ne peut chercher que moi.

Deux partis se présentaient; attendre le retour de Patrick à l'office, ou remonter le *Strand* jusqu'à *Temple-Bar*, en allant au devant de lui. John Lively prit le parti des impatients. Il se jeta dans le *Strand*.

Au coin de *Wellington-Street*, il rencontra Patrick qui descendait le trottoir au galop.

— Patrick! — Sir Lively!

Et quatre mains se serrèrent. Un lord qui venait de manger un homard sur le pouce, à la poissonnerie d'Adelphi, s'arrêta net, tout scandalisé de voir un gentleman serrant la main d'un cocher.

— Ah! sir Lively, dit Patrick, que de choses!... Venez; allons sur *Waterloo-Bridge*, nous serons plus libres pour parler... Ah! sir Lively!

Lively était muet; son silence seul interrogeait.

— D'abord, je vous annonce que M. Copperas devient fou; il ne peut pas se tirer des marécages; mais il est têtu comme un Anglais. Il va couper votre colline en deux; vous l'avez permis; c'est bien; je ne me plains pas; je vous ai obéi; vous êtes le maître de votre colline; quand je suis parti, cent ouvriers travaillaient sur elle, à coups de pioche, comme des démons.

— Ensuite, ensuite, Patrick?

— Voici la suite : ce matin, en passant à Bucks, j'ai vu le cottage... Vous savez, ce cottage?...

— Oui... oui...

— Entouré de monde, il y avait sur la porte un vieux monsieur qui pleurait; il y avait un homme de loi qui écrivait sur une table, et une grande quantité de pauvres gens, hommes et femmes, qui disaient : « C'est une horreur! nous l'assommerons; oui, nous l'assommerons, ce M. Igoghlein! — Qu'est-ce que M. Igoghlein? ai-je demandé à quelqu'un. — C'est l'ancien propriétaire du cottage, m'a-t-on répondu. Madame O-Killingham lui doit encore cent cinquante livres, et elle ne peut pas les payer. Madame O-Killingham est à Londres; on l'attend pour la mettre en prison. »

— En prison! pour cent cinquante livres!

— Attendez un peu... Il y avait aussi un jeune homme de bonne tournure, qui disait au vieux monsieur : « Tenez, voilà mon portefeuille, il y a trois cents livres, payez et envoyez promener cette canaille. Je me charge de la chasser à coups de cravache, moi. » Et le vieux monsieur baissait les yeux et repoussait le portefeuille. On disait dans la foule : « Ce jeune homme, c'est M. William Beasley, du château de Bucks ; c'est l'amant de madame O-Killingham. »

— On disait cela, Patrick ?

— Ne faites pas attention, sir Lively ; la foule ne sait jamais ce qu'elle dit. Moi, je me suis avancé alors, et j'ai dit à l'homme de loi : « Attendez jusqu'à ce soir ; M. Igoghlein sera payé. » J'ai pensé à vous, sir Lively, j'ai couru chez mon frère, à Wycombe ; vous étiez parti pour Londres ; j'ai crevé mes chevaux, et me voici. Il faut sauver madame O-Killingham.

— Oh ! s'écria Lively, si j'avais la force

de sauter par dessus ce parapet, je serais déjà dans la Tamise.

Et il tomba de faiblesse sur une banquette de pierre du pont.

— Ce n'est pas pour rien qu'on a fait des parapets de cinq pieds de haut... Sir Lively, tranquillisez-vous... il y a de l'espoir... Combien vous reste-t-il des cent livres de M. Copperas?

— La moitié.

— Je vendrai mes chevaux.

— Tais-toi, Patrick; tu me tues!... Cent cinquante livres!... toujours de l'argent!... toujours!... Patrick, il me reste une ressource... accompagne-moi jusqu'à *Chandos-Street*... j'ai là des fonds engagés dans une entreprise. Dieu m'aura été favorable, peut-être... Viens avec moi... tiens-toi prêt, à cheval : tout prêt à partir.

— Tout à vous, sir Lively.

Le jeune Irlandais, appuyé sur le bras

de Patrick, arriva bientôt à la maison du club; il monta lentement l'escalier pour se remettre et se composer un visage. D'une main convulsive il ouvrit la porte et marcha silencieusement vers la table de jeu.

— Ah! vous voilà, dit M. Saint-Alban, votre absence a été bien longue, mon cher associé. Devinez ce que nous faisons?

— Nous perdons! dit Lively d'une voix émue.

— Non, sir Lively, nous gagnons cent livres; j'ai joué d'un bonheur inouï. Je donne des revanches à ces messieurs... L'assemblée de *Regent's-Circus* est renvoyée à demain; cela me donne du loisir... Si je gagne le *rob*, nous gagnerons cent quarante livres... Asseyez-vous donc, sir Lively.

— Ne prenez pas garde...

— Voyons; tout dépend de ce coup...

J'ai trois points... Il me faut les *honneurs*, et j'ai gagné; c'est la dernière partie. Nous partagerons cent quarante livres, probablement... De quoi retourne-t-il?... Du carreau!... c'est ma couleur favorite. Mon *mort* n'est pas beau : voyons le *vivant*.... Quatre d'honneurs contre moi!... et le *trick!*... J'ai perdu... Vous me portez malheur, sir Lively! voilà notre bénéfice réduit à soixante livres!...

— Oui, je vous porte malheur; cela ne m'étonne pas... Continuez, continuez, monsieur Saint-Alban; je vais faire un tour de promenade au parc Saint-James.

— Voulez-vous tenir mon jeu?

— Non, non; jouez; je suis à vous dans la demi-heure.

— Vous paraissez inquiet, sir Lively?

— Moi; oh! non!... Il fait très chaud ici... je vais respirer sous les arbres.

—Nous irons dîner à *Sceptre and Crown* à Greenwich.

— Où vous voudrez, monsieur Saint-Alban. A bientôt.

— Ou à *Blake-Hall*, si vous aimez mieux.

Lively était sorti. Patrick l'attendait en estafette devant *Saint-Martin-Court*.

— Avez-vous les cent cinquante livres? dit-il à Lively.

— Je vais les avoir dans quelques instants... Descends de cheval, Patrick.

— Non, j'irai voir chez vous à *White-Horse*, s'il ne vous est rien arrivé de Wycombe. J'ai recommandé à mon frère de vous écrire sur-le-champ, s'il y avait du nouveau.

—Oui, bien pensé; va, je te rejoindrai ici.

—Ah! monsieur Lively! je voyais bien, moi, que cette pauvre femme se ruinerait; depuis trois mois elle désaltère gratis l'Angleterre et l'Irlande, et il fait bien chaud cet été.

— Pars, cours au *Cheapside*, mon ami.

— Comme le vent, sir Lively, regardez-moi, je vais écraser les omnibus.

Lively, resté seul, marcha au hasard, pour consommer une demi-heure; à chaque minute il consultait les quatre cadrans du clocher de Saint-Martin, qui, tous, semblaient avoir arrêté leurs aiguilles sur le même point. Il regardait autour de lui pour découvrir quelque existence fiévreuse en harmonie avec la sienne. Autour de lui tout était calme, hommes et maisons. Des ouvriers taillaient des pierres sur la place de Trafalgar; des cochers dormaient sur leurs siéges; un frotteur polissait la grille à candélabres de fer qui protège les murs de Saint-Martin; les Anglais bâillaient nonchalamment derrière leurs vitres luisantes comme de l'acier poli; les omnibus se croisaient à l'embouchure du Strand; quelques Français regardaient la statue équestre de Charles Ier, ou la façade vénitienne du palais de Northumberland, surmontée d'un chien qui se croit lion; un concierge demandait un shilling à l'étranger qui entrait au Musée pour voir des tableaux absents; deux *policema* examinaient les gravures au coin de la galerie vitrée du Strand ; des courtisanes en haillons et à gants jaunes, tourbillonnaient au soleil en mangeant des colimaçons crus; un vieillard automate promenait un placard de *Hat-Washable* que personne ne lisait; c'était une foule sans cohue, une agitation sans bruit, une lumière sans éclat, un travail sans ferveur, une prostitution sans volupté, une vie morte, c'était le cœur de Londres, grande artère qui n'a point de sang.

Si le bonheur n'est que l'absence du

malheur, disait Lively, tous ces gens-là sont plus heureux que moi, et pourtant je ne les envie pas.

Et il monta au club de Socrate, bien résolu, cette fois, à partager le bénéfice quel qu'il fût.

Comme il allait ouvrir la porte, il entendit un grand tumulte dans le club; il lui sembla que les banquiers se disputaient vivement; la voix de Saint-Alban dominait les autres voix.

— Ce n'est pas pour moi que je plaide, disait-il, c'est pour mon associé; un digne jeune homme que je ne connais que d'hier, et que je regarde comme mon fils.

— Oh! entrons vite, dit le généreux Lively.

— Bien! s'écria Saint-Alban, vous voilà fort à propos, sir Lively. Ces messieurs sont strictement dans leur droit, je commence par le reconnaître... Laissez-moi parler, monsieur Spiegalt. Nous avons donné trois revanches à ces messieurs, sir Lively; maintenant la fortune a tourné; nous demandons une seule revanche, une seule; ces messieurs la refusent net, sous prétexte qu'ils ont une affaire dans la Cité. Diable! j'avais une affaire, moi aussi, et pourtant je me suis montré délicat.

— Nous avons donc perdu? dit Lively tremblant.

— Peu de chose; mais c'est la délicatesse que je juge et non la perte.

— Combien? dit Lively.

— Cent livres chacun. Donnez cent livres à M. Spiegalt, et brisons là.

La cervelle tinta dans la tête de l'Irlandais.

— Cent livres? dit-il comme un écho qui redit ce qu'on lui jette.

— Oui, dit Saint-Alban, si vous n'avez

pas la somme entière, je comblerai le déficit, et vous me rembourserez à *Wite-Horse*.

Lively, comme un homme qui survit à lui-même, tira machinalement son portefeuille de sa poche et dit : — Voilà cinquante livres...

— C'est bon! dit Saint-Alban; je réponds du reste... jusqu'à demain.

Lively sortit de sa stupeur par une crise d'émotion. Il se précipita sur les mains de Saint-Alban et les serra tendrement.

— Vous me sauvez l'honneur, lui dit-il en pleurant.

Saint-Alban se retourna pour essuyer quelques larmes qui ne coulaient pas.

— Excusez-moi si je vous quitte, dit Lively. On m'attend à *Saint-Martin-Court*. Où vous reverrai-je pour vous remercier?

— Ce soir, au foyer de Drury-Lane; je dîne à Greenwich.

—Je serai à Drury-Lane. Mille grâces, monsieur Saint-Alban : je vous ai porté malheur.

— Bah! ne soyez pas superstitieux comme çà, nous prendrons notre revanche demain.

Lively courut aussi lestement qu'il put, à *Saint-Martin-Court*, et trouva Patrick à cheval, tout prêt à partir.

—Ruiné! ruiné? mon cher Patrick! Criblé de dettes, pour comble de malheur!

—Que dites-vous, sir Lively?

—Ruiné! te dis-je; descends de cheval, descends... c'est maintenant que je me jetterais à la Tamise, si je n'avais une dette d'honneur à payer!

—Et la dame du cottage?

—Ah! tais-toi, Patrick; tais-toi!... Londres maudit! ville de frotteurs et d'impies! Quel démon m'a poussé dans ce tas d'ordures passé au vernis?

—Voulez-vous que je vende mes chevaux?

—Oui; vas te ruiner pour moi; je me vendrais plutôt! N'achète-t-on pas les hommes dans cette ville où l'on achète tout?... As-tu quelques nouvelles de Wycombe?

—Non; il n'y a rien.... L'aubergiste de *White-Horse* m'a dit qu'un monsieur était venu vous demander.

—Moi?

—Oui.

—Qui peut me demander?... Personne ne me connaît à Londres... Ce monsieur reviendra-t-il?

—Il a dit qu'il reviendrait.

—Quitte ton cheval, et allons à *White-Horse*; nous verrons... j'ai besoin d'un compagnon; viens avec moi, je ne veux pas être seul.

—Sir Lively, je vous suivrai partout.

— Bon Patrick!

Arrivés à *White-Horse*, on leur dit que le monsieur n'avait pas reparu.

— Attendons, dit Lively; et, s'asseyant sur la pierre de la porte, il se plongea dans ses réflexions.

A l'heure du dîner, l'aubergiste remit à Lively une lettre qui venait d'arriver. Elle était du frère de Patrick, l'aubergiste de Wycombe. En voici le contenu :

« Sir Lively,

« Vos affaires vous ont sans doute re-
« tenu à Londres. Mon frère doit vous
« avoir dit ce qui s'est passé au sujet d'une
« dame irlandaise qui vous intéresse. Elle
« vient d'arriver au cottage. M. Igoghlein
« a été inflexible; cependant il a consenti
« à donner un répit de vingt-quatre heu-
« res, si je servais de caution à madame
« O'Killingham. J'ai pensé à vous, et j'ai

« donné caution. J'espère que vous ne me
« laisserez pas dans l'embarras. C'est un
« service que je vous rends à vous; je ne
« m'intéresse pas, moi, aux femmes folles
« qui se ruinent en toilette, et qui font
« manger leur bien au premier venu qui
« veut le boire.

« Thomas Helyer. »

« *P. S.* Demain à midi, il faut que vous
« m'apportiez cent cinquante livres et mon
« cheval. »

— Patrick, dit Lively, aujourd'hui tous les démons anglais conspirent contre moi. J'en mourrai, c'est sûr. Il me faut deux cents livres demain! La mort est plus facile à trouver. Fais-moi enterrer en terre sainte, Patrick.

— Vous n'avez aucune idée dans la tête, sir Lively?

— Quelle idée veux-tu que j'aie? Est-ce

qu'on paie ses créanciers avec des idées?

— Je sais bien; mais une idée vaut de l'argent quelquefois.

— Deux cents livres!

— Mangez, sir Lively, vous avez besoin de prendre des forces.

— Oui... et il faut que j'aille à Drury-Lane ce soir. Oh! il le faut! que dirait ce bon M. Saint-Alban?... Cet homme peut me sauver!... Oui!... il s'intéresse à moi; il est riche; je m'ouvrirai à lui; que sont deux cents livres pour un banquier?... A quelle heure s'ouvre Drury-Lane?

— A sept heures, je crois... Vous avez de l'espoir sur M. Saint-Alban?

— Un grand espoir.

— Tant mieux!

— C'est un millionnaire de la cité... Il faut bien enfin que la Providence fasse quelque chose pour moi!

— Ce serait juste.

— Et tardif... Voilà qui est arrêté; je dévoilerai tout à Saint-Alban. Rien ne calme le sang comme une résolution prise, je respire, je renais!

A l'heure du spectacle, Lively ramassa quelques débris épars de sa petite fortune, une livre et quelques shillings, et il prit le chemin de Drury-Lane.

L'Irlandais ne donna aucune attention à cette salle magnifique toute décorée de tentures écarlates; toute éblouissante de lumières et de colliers de diamants; il resta sourd à la musique, au chant, aux applaudissements de la salle; il ne cherchait que Saint-Alban; il faisait ouvrir toutes les loges, montait, descendait, remontait haletant, pâle, convulsif, ne pouvant pas trouver son espoir, ne coudoyant que des inconnus joyeux, sortes d'échos ambulants qui répétaient les refrains du théâtre. Emporté par la foule de l'entr'acte, il tourne autour de la balustrade circulaire de l'escalier, et entre au foyer avec toute l'ardente jeunesse qui roulait des vomitoires. Là, il recula d'effroi, de surprise, de pudeur, d'admiration. Il se crut transporté dans la salle du festin de Balthazar, telle que Martyn l'a rêvée; il crut voir sortir de leurs tombeaux toutes les courtisanes de Babylone; il s'imagina qu'on allait commencer une de ces orgies dévorantes, où l'insulte de la terre provoquait le tonnerre du ciel. Cent femmes, dans tout l'éclat cynique de la beauté, vêtues comme des reines sur leur trône, parées des dépouilles des deux Indes; la flamme aux yeux, l'incarnat aux joues, l'impudeur sur le front, le sourire aux lèvres, allaient, venaient, s'asseyaient, se levaient avec des frémissements de satin et de velours, emportant après elles, devant elles, au milieu d'elles, des flots de jeunes gens ivres et fous, victimes dévorées par ce tourbillon vivant de cheveux blonds, de frais visages, de bras nus, de pierreries, de soie, de parfums ! — Oh ! s'écria Lively, mon Dieu ! donne-moi un instant ; il y a un juste dans Gomorrhe ; le feu du ciel va tomber, et je ne veux pas périr avec eux !

Et il glissa légèrement sur l'escalier blanc et poli comme du satin, les yeux fermés pour ne plus rien voir. Au péristyle, il s'arrêta devant la statue de Shakespeare, et lui dit : — C'est donc pour ce peuple, ô William ! que tu as créé Ophelia !

Tombé dans le *Strand*, Lively se fit cette question : — Que suis-je venu faire à Drury-Lane ?

Dix heures sonnaient à Sainte-Marie.

— Ah ! M. Saint-Alban ! dit-il... Oui, je me souviens ; allons au club de Socrate, il y sera.

Il monte l'escalier du club, et ouvre la porte. Un seul flambeau éclairait la petite salle; elle était déserte. Un domestique dormait.

Lively le réveille.

— Mon ami, lui dit-il, M. Saint-Alban viendra-t-il ce soir?

— Saint-Alban, dit le domestique en ouvrant les yeux; je ne le connais pas.

— Ce monsieur qui jouait au wist, ce matin, ici.

— Eh bien! je ne le connais pas.

— Et les autres banquiers, les connaissez-vous?

— Non; c'est la première fois que je les vois.

— Ce n'est pas le club de Socrate, ceci?

— Non. Il n'y a point de Socrate ici.

— Samedi, il n'y avait pas cinquante-sept banquiers à midi et demi?

— Il n'est venu personne, samedi.

— Mais ce n'est pas un club...

— C'est un *club-room* pour fumer.

— Savez-vous que j'ai perdu cent livres, ce matin?

— Ah! oui, je vous reconnais; vous êtes sorti deux fois; ces messieurs m'avaient dit de me mettre à la fenêtre pour les avertir quand je vous verrais venir.

— Et en mon absence que faisaient-ils?

— Ils riaient, ils chantaient, ils lisaient les journaux...

— Ils ne jouaient pas?

— Non. Ils prenaient les cartes quand vous arriviez.

— Je suis volé!... Plus d'espoir! plus d'espoir!

Il frappa son front et sortit.

FIN DU PREMIER VOLUME.

www.ingramcontent.com/pod-product-compliance
Lightning Source LLC
Chambersburg PA
CBHW060411170426
43199CB00013B/2092